왜
창경궁에
동물원이
생겼을까?

교과서 속 역사 이야기, 법정에 서다

51
역사공화국
한국사법정

왜 순종 황제 vs 이토 히로부미
창경궁에
동물원이
생겼을까?

글 허균 | 그림 고영미

창경궁

㈜자음과모음

서울에는 경복궁, 창덕궁, 덕수궁, 경희궁, 창경궁 등 조선 시대 궁궐들이 있습니다. 제일 먼저 지어진 것이 경복궁이고, 그다음이 창덕궁, 창경궁, 경희궁, 덕수궁 순입니다. 이들 궁궐은 임진왜란 때 불에 타 없어져 다시 지어지기도 했고, 일제 강점기 때에는 일제의 조선 왕조 정통성 말살 정책에 의해 셀 수 없이 많은 전각들이 헐려 나가는 등 많은 수난을 겪었습니다. 그래도 대부분의 궁궐들이 그 이름만은 그대로 유지하고 있었는데, 유독 창경궁만은 원래의 궁궐 이름을 잃고 창경원으로 이름이 바뀌는 수모를 겪었습니다.

이름 하나 바뀐 것이 무슨 대수냐고 할지도 모르지만, 이것은 창경궁이라는 궁궐이 통째로 없어지는 것과 같은 의미를 가지는 것입니다. 일제는 창경궁 안에 동물원, 식물원, 박물관을 짓고, 뱃놀이를 즐길 수 있게 연못을 파는 등 궁궐을 놀이동산으로 만들었습니다. 궁궐을 요즘 우리들이 놀러 가는 서울 대공원이나 어린이 대공원처럼 꾸민 것이지요. 이런 모습으로 바뀌었다면 그것을 궁궐이라고 말할 수 있겠습니까?

궁궐이란 왕족이 사는 집이자 왕이 백성들을 위해 정치를 하는 곳이지요. 모든 명령과 가르침이 이곳에서 나오고 모든 보고가 이곳으로 모입니다. 그래서 궁궐은 백성 위에 군림하는 왕의 위엄과 권위의 상징이라 말할 수 있습니다. 궁궐을 지을 때 규모를 크게 하고 장식을 화려하게 하는 것은 모두 왕의 위엄과 권위를 강조하기 위한 것입니다. 이처럼 막중한 상징적 의미를 가진 궁궐을 왕 스스로가 훼손한다는 것은 상상하기조차 힘든 일입니다.

그런데 순종이 왕위에 있던 일제 강점기 때 창경궁에는 동물원, 식물원 등 눈요깃감들이 속속 들어섰고, 전각, 문, 천문 관측기 등 수많은 유적들이 헐려 나갔습니다. 당시 조선 통감이었던 이토 히로부미를 우두머리로 하는 일제는, 이 모든 일이 순종의 허락을 받고 행한 일이고 조선의 백성들을 위한 일이었다고 억지 주장을 펴고 있습니다. 그래서 우리는 이해할 수 없는 일이 벌어졌던 당시로 돌아가 과연 진실이 무엇인지 따져 보지 않을 수 없습니다. 자, 지금부터 숨은 진실을 파헤치기 위해 순종과 이토 히로부미, 당시 창경원 건립과 관련된 인물, 해방 후 창경원과 관련된 시책을 편 사람들을 한국 사법정에 불러 거짓과 진실을 낱낱이 파헤쳐 봅시다.

허균

차례

일본의 도요토미 히데요시는 전국 시대의 혼란을 수습하고 통일 국가를 이룩하였습니다. 그리고는 명을 정복하러 가는데 길을 빌리자는 핑계로 1592년에 조선을 침략하였지요.

중학교

역사

V. 조선의 성립과 발전
  3. 왜란과 호란의 극복
    1) 우리 민족은 왜란을 어떻게 극복하였는가?
      -왜군의 침입

VIII. 주권 수호 운동의 전개
  2. 일제의 침략과 의병 전쟁
    2) 군대 해산 이후 의병 전쟁의 확산 과정은?
      -고종의 강제 퇴위

1907년 네덜란드 헤이그에서 열린 '제2회 만국 평화 회의'에 특사를 파견하였다는 구실로 일본은 고종 황제를 강제로 퇴위시켰습니다. 그들의 침략에 방해가 되었기 때문에 저지른 만행이었습니다.

대한 제국은 두만강과 송화강 사이에 있는 간도에 대한 영유권을 주장하였습니다. 하지만 을사조약으로 우리나라의 외교권을 강탈한 일제는 간도를 청나라의 영토로 인정하였지요. 또한 일본은 러시아와의 전쟁 중 독도를 불법적으로 자국의 영토로 편입시킵니다.

고등학교   한국사

V. 근대 국가 수립 운동과 일본 제국주의의 침략
  3. 근대 국가를 수립하기 위해 노력하다
    3-3 대한 제국, 황제권을 강화하여 국권을
        공고히 하겠다

V. 근대 국가 수립 운동과 일본 제국주의의 침략
  4. 국권 수호 운동을 전개하다
    4-1 근대 국가 수립을 가로막은 일제의 침략

을사조약의 무효를 선언하고 열강의 지원을 얻기 위한 고종의 노력이 계속되었지만, 오히려 일본은 이를 빌미로 고종을 강제로 퇴위시켰지요. 이후 일제는 통감의 내정 간섭 권한을 더욱 강화하고 군대를 해산하는 등 강제 병합의 수순을 밟아 나갑니다.

1904년	한·일 의정서
1905년	을사조약
1906년	통감부 설치, 초대 통감 이토 히로부미 취임
1907년	국채 보상 운동, 헤이그 특사 파견, 고종 황제 퇴위
1908년	창경궁에 동물원과 식물원 기공식 거행
1909년	창경궁 내 동물원과 식물원 준공 안중근, 이토 히로부미 저격
1910년	국권 피탈
1911년	창경궁을 '창경원'이라 이름 붙임
1914년	대한 광복군 정부 수립

1900년   의화단 운동

1902년   영·일 동맹

1904년   러·일 전쟁

1905년   러시아, 피의 일요일 사건

1906년   인도 스와데시·스와라지 운동 전개

1907년   삼국 협상 성립
            제2차 헤이그 만국 평화 회의

1911년   중국, 신해혁명

1912년   중화민국 성립

1914년   제1차 세계 대전 발발

원고 **순종(1907년~1910년 재위)**

나는 고종 황제의 둘째 아들로 어머니는 명성 황후 민씨이지요. 1875년(고종 12) 2월에 세자에 책봉되었고, 1897년 대한 제국이 성립된 후 다시 황태자에 책봉되었어요. 1907년(융희 1)에 일본의 압박과 이완용 무리의 강요로 고종 황제가 헤이그 특사 사건의 책임을 지고 자리에서 물러나자 그 뒤를 이어 황위에 올랐습니다.

원고 측 변호사 **김딴지**

나는 20여 년간 변호사 생활을 해 오면서 특히 일제 강점기에 있었던 여러 가지 사건들의 진실을 파헤치는 것으로 널리 알려져 있어요.

원고 측 증인 **김종직**

나는 성종 때에 홍문관 응교 벼슬을 지내면서 창경궁 건설에 관한 기록을 담당했지요. 「창경궁 상량문」과 「창경궁기」도 내가 지었어요.

원고 측 증인 **이국필**

나는 선조 때 경복궁 복원 계획을 세울 때 참여했어요. 그런데 신하들 가운데는 경복궁이 풍수지리적으로 좋지 않은 터라고 주장하는 이들도 있었어요.

원고 측 증인 **조만영**

나는 익종의 비 신정 왕후 조씨의 아버지입니다. 순조 34년인 1834년에는 불탄 창경궁의 여러 전각들을 짓는 일에 공을 세워 보국숭록대부의 자리에 올랐지요.

원고 측 증인 **고미야 미호마츠**

나는 대한 제국 당시 이왕직 차관과 제실 재산 정리국 장관을 겸임했고, 창경궁 안에 동물원, 식물원과 박물관을 짓는 데 깊숙이 관여했지요. 동물과 식물을 수입하고 기르고 관리하는 책임도 맡았어요.

원고 측 증인 **이승만**

나는 독립운동가이자 정치가로 대한민국 초대 대통령을 지냈어요. 대통령 자리에 있을 때 일반 관람객들 때문에 너무 소란스럽고 어지러워 창경궁 관람 금지령을 내리기도 했지요.

피고 이토 히로부미(1841년~1909년)

나는 일본의 원로 정치인으로 메이지 헌법의 초안을 마련했지요. 이후 나는 1905년 특명 전권 대사로 대한 제국에 부임한 뒤 을사조약을 체결함으로써 대한 제국의 외교와 내정을 손아귀에 넣었어요. 또한 초대 통감으로 부임하여 한일병합의 기초 공작을 수행하였고, 헤이그 특사 사건을 빌미로 고종 황제를 강제로 퇴위시키기도 했습니다. 1909년에 통감을 그만둔 후 만주를 방문했다가 하얼빈 역에서 안중근에게 저격당해 죽었어요.

피고 측 변호사 나카무라

김딴지 변호사와는 역사 법정에서 오랫동안 함께 활동해 왔지만, 역사에 대한 생각이 달라 자주 다투었지요. 지난번 을사조약 건에 이어 다시 일본의 대정치인 이토 히로부미의 변론을 맡게 되어 개인적으로 영광이고, 최선을 다해 반드시 이겨 영예를 되찾아 드릴 생각입니다!

피고 측 증인 **곤도 시로스케**

1907년에 이토 히로부미의 배려로 궁내부 사무관으로 특별히 채용되어 창덕궁에 들어간 후 15년간 순종 옆에서 크고 작은 궁궐 일을 도맡아 처리하면서 황실의 역사적 순간들을 직접 목격했지요. 궁궐 안 사정을 나만큼 잘 아는 사람도 드물어요.

피고 측 증인 **전택보**

나는 천우사 사장을 지냈고, 서울 시장과 함께 서울시에 창경원 재건 위원회를 두어 각계의 동물 기증을 이끌어 냈지요.

피고 측 증인 **장하다**(가상 인물)

나는 일제 강점기 때 『동아일보』 문화부 기자였어요. 창경원에 자주 가서 취재를 했지요. 창경원에 구경 오는 사람들이 얼마나 많던지 정신이 얼떨떨하곤 했어요. 그런데 황제가 살던 궁궐에 동물원과 식물원이 생겨 백성들이 여흥을 즐기던 모습을 돌이켜보면, 황제의 권위가 추락한 것 같아 쓸쓸함이 느껴지기도 했지요.

"창경궁에 동물원을 만든 것이
나 때문이었다고?"

고종과 순종이 잠든 경기도 남양주 홍유릉 근처 낮은 언덕 아래에 아담한 사무실 하나가 가을 햇볕 아래 졸고 있다. 이곳은 영혼들의 삶의 터전인 역사공화국에서 뒤틀린 역사 사건을 정의와 진실의 편에 서서 해결하기로 유명한 김딴지 변호사의 사무실이다. 김딴지 변호사가 이곳으로 이사 온 것은 5년 전 일이다.

사무실 문을 열고 들어서면 동편 창문 쪽에 김딴지 변호사의 책상이 놓여 있고, 창 너머로 홍릉과 유릉이 한눈에 들어온다. 책상 앞 양쪽으로 사무장 등 직원들의 책상이 놓여 있고, 한가운데에는 푹신한 소파가 놓여 있다. 벽을 따라 늘어선 붙박이 책장에는『조선왕조실록』,『순종실록』과 같은 역사서와 조선 궁궐에 관한 책들이 빈틈없이 꽂혀 있다. 뿐만 아니라 일제 강점기 때 총독부에서 발간한 책과

제26대 왕 고종과 명성 황후의 묘소인 홍릉과 순종과 순명 효황후, 순정 효황의 묘소인 유릉이 함께 있는 경기도 남양주의 홍유릉

문서도 모두 갖추어져 있는 것이 역시 한국사법정의 명변호사 사무실답다.

11월 1일 오후, 근엄한 풍모의 노신사가 대한 제국 고관 복장을 한 사람과 함께 김딴지 변호사 사무실로 찾아왔다. 이날은 바로 100여 년 전 창경궁 동물원과 식물원 준공식이 있었던 날이다.

"어서 오십시오."

김딴지 변호사가 문을 열고 들어오는 두 사람을 맞이하면서 소파에 앉기를 권했다. 노신사는 김딴지 변호사와 악수를 나눈 후 소파에 앉았다. 변호사를 바라보는 그의 눈빛이 예사롭지 않다.

"나는 대한 제국의 마지막 황제였던 순종이오. 내 부친은 고종 황제이고 모친은 명성 황후이지요."

대한 제국의 마지막 황제 순종 황제와 순명
효 황후

김딴지 변호사가 놀랍고 반가운 표정을 지으
며 말했다.

"아! 그러시군요. 저희 사무실을 찾아 주셔서
영광입니다."

순종은 옆에 앉은 기품 있는 사람을 소개했다.

"이 사람은 대한 제국 때 예조 판서, 병조 판서,
형조 판서 등을 지낸 민영환이오. 일본의 내정 간
섭을 비판하다 이미 국운이 기운 것을 한탄하여
자결했지요."

"아, 그렇습니까? 들어오실 때부터 예사로운
분들이 아니라고 생각했습니다. 지체 높으신 분
이 저희 사무실을 찾아 주시니 큰 영광입니다. 그런데 민 판서께서
는 지금 어디에 머물고 계신지요?"

"처음에는 경기도 용인시 수지면 풍덕천리 토월마을에 봉분도 없
이 땅에 그냥 묻혀 있었지요. 1942년에야 후손들이 지금의 용인시
기흥구 마북동 구성 초등학교 뒤편 산기슭으로 옮겨 주어 지금도 그
곳에서 머물고 있소."

"네, 그렇군요."

이때 김딴지 변호사의 비서가 차를 가지고 들어왔다.

"차 한잔 드시지요."

차를 권하면서 김딴지 변호사가 순종에게 물었다.

"그런데 요즘 폐하께서는 어디 머물고 계신지요?"

"1926년 4월 25일에 한 많은 이 세상을 하직한 뒤로는 남양주 유릉에 거처하오."

김딴지 변호사는 창밖에 보이는 유릉을 가리켰다.

"그렇다면 바로 저 능이 폐하가 계시는 곳이군요."

"그렇소이다. 그런데 일본 사람들이 만든 능이라 마음이 편치를 않소. 더구나 해마다 이맘때만 되면 창경궁을 망친 일제의 만행이 생각나 잠을 이룰 수가 없구려."

김딴지 변호사는 순종의 말을 받아 적으며 다시 물었다.

"이맘때면 창경궁 일로 잠을 못 이루신다니, 이유가 무엇입니까?"

"김 변호사도 알다시피, 창경궁은 성종 15년(1484)에 세 분의 대비, 즉 정희 왕후 윤씨와 뒤에 왕으로 추대되신 덕종의 비 소혜 왕후 한씨, 그리고 예종의 계비 안순 왕후 한씨를 모시기 위해 지은 효심이 깃든 궁궐이 아닙니까?"

김딴지 변호사가 잘 알고 있다는 표정으로 고개를 끄덕이며 대답했다.

"그렇지요."

"그런데 지금 떠돌고 있는 기록들에는 왕인 내가 창경궁에 동물원과 식물원을 짓는 것을 허락했다고 되어 있으니 이보다 억울한 일이 어디 있겠소? 왕권의 상징인 궁궐 안에 동물원과 식물원을 지으면 왕권의 신성과 권위가 훼손되는 것을 왕인 내가 누구보다 잘 알고 있는데, 내 손으로 궁궐을 놀이터로 만들었다고 하니 말이나 되오? 요즘 사람들이 잘못 알까 두려울 따름이오."

한일병합
1910년 8월 29일 일제가 한일
병합 조약에 따라 우리나라 통치
권을 빼앗고 식민지로 삼은 일을
말합니다. '경술국치'라고도 부
르지요.

그러자 옆에 앉은 민영환이 작심한 듯 입을 열었다.

"모두 다 일제가 잔꾀를 부린 것이오. 내가 오죽 분통이 터졌으면 한일병합 때 자살까지 했겠소. 일제는 우리 조선을 병합하고 나서 천벌을 받을 일을 많이 저질렀소. 고종 황제를 강제로 물러나게 한 것으로도 모자라 순종 황제가 자리에 오른 지 얼마 되지 않아서 창경궁을 놀이터로 만들기 시작했어요. 그 많던 전각들을 헐어 내고 그 자리에 현대식 동물원, 식물원, 박물관을 지은 것이오. 그것은 말할 것도 없이 창경궁을 망가뜨려 조선 왕조의 정통성을 말살하려는 흉계였소. 그런데도 그들은 순종 황제의 뜻에 따른 거라고 떠들어 대고 있으니 이보다 억울한 일이 어디 있겠소? 그 진실은 반드시 밝혀져야 하오. 김 변호사가 이 잘못된 역사를 바로잡아 주시오."

"잘 알겠습니다. 저를 믿고 찾아 주셨으니 최선을 다해 억울함을 풀어 드리겠습니다. 곧 한국사법정에 「소장」을 제출하고, 진실이 밝혀지도록 최선을 다할 것을 약속드립니다."

"김 변호사만 믿습니다."

순종과 민영환은 사무실을 나와 다시 법정에서 만날 것을 약속하고 헤어졌다.

한편, 나카무라 변호사 사무실에서는……

순종이 이토 히로부미를 상대로 소송을 제기하고 며칠 후, 한국사법정 근처에 있는 나카무라 변호사의 사무실이 갑자기 술렁이기 시작했다. 이토 히로부미의 비서가 급히 달려온 것이다.

"나카무라 변호사 님, 안녕하세요."

"네, 전화 주셨던 분이시죠?"

"네, 맞습니다."

"놀라셨지요?!"

"아니, 갑자기 순종 황제가 왜 이토 히로부미 님을 고소했대요?"

"저도 어제 그 사실을 알았습니다. 소장을 살펴보니 '조선 왕조의 신성과 권위를 상징하는 궁궐을 망친 이토 히로부미와 그 일당을 고소함'이라고 되어 있었습니다."

"아니, 지금 와서 고소해서 어쩌겠다는 겁니까?"

"지금 갑자기 그렇게 생각한 건 아닌 것 같습니다. 아마 대한 제국 시절에 가슴에 박혔던 못을 빼려는 것 같습니다."

"우리가 뭘 잘못했다고 그러는지 모르겠네."

"순종 황제의 뜻과 관계없이 창경궁 안에 동물원과 식물원을 지었으면서도 순종 황제가 허락했다고 함으로써 순종 황제의 명예를 훼손했고, 창경궁을 놀이동산으로 만들어 조선 궁궐의 권위를 떨어뜨렸으니 벌을 받아 마땅하다고 「소장」에서 주장하고 있어요."

"참 이해가 안 가네요. 모두가 대한 제국 황제와 백성들을 위한 일이었는데. 어쨌든 고소를 당했으니 누명을 벗어야겠지요. 나카무라 변호사 님, 이토 히로부미 님을 위해서 힘써 주세요."

"네, 그렇게 하겠습니다. 그런데 제게는 자료가 부족하니 관련된 자료를 모두 저에게 넘겨주세요. 자료를 검토한 후 작전 계획을 짜겠습니다. 그리고 제가 청하는 증인이 법정에 올 수 있도록 힘써 주세요."

"잘 알겠습니다. 그럼 나카무라 변호사 님만 믿고 가겠습니다."

"열심히 하겠습니다. 안녕히 가십시오."

나카무라 변호사는 지난번 재판에서 이토 히로부미를 변호하다가 김딴지 변호사한테 밀려 쩔쩔매던 일이 떠올라 잠시 가슴이 답답해졌지만, 이내 이번에야말로 전날의 패배를 설욕하고 멋지게 승소할 기회라는 별 근거 없는 자신감이 솟구쳤다. 당시의 자료를 모아 검토해 보면 일이 의외로 쉽게 풀릴지도 모른다는 생각이 들자 희망이 보이는 듯했다.

왜 창경궁에 동물원이 생겼을까?

"이토 히로부미의 진심이 어디에 있었는지에 초점을 맞추어 변론하면 재판에서 이기는 길이 열릴 거야."

나카무라 변호사는 이렇게 마음을 다지면서 사무실을 나와 국회도서관을 향해 차를 몰았다.

창경원? 창경궁!

　명성 황후가 일본 자객에게 피살당하고 난 뒤 고종은 러시아 공사
관으로 거처를 옮기게 됩니다. 그리고 1년 뒤 고종은 경운궁(지금의 덕
수궁)으로 돌아오지요. 당시 조선은 일본과 러시아를 비롯한 여러 나라
들의 이권 다툼에 심한 몸살을 앓고 있었습니다. 그래서 고종은 세계
열강의 틈바구니에서 살아남기 위해서 여러 방안을 모색하지요. 대한
제국으로 국호를 고치고 여러 개혁 정책을 실행에 옮기기도 합니다.
하지만 이런 고종의 노력이 무색하게 일본과 을사조약이 체결되었고,
대한 제국의 외교권은 더 이상 대한 제국의 것이 아니게 되었습니다.

　그러던 차에 고종은 일제의 눈을 피해 세계 열강에 을사조약의 부
당함을 알리기 위해 특사를 파견합니다. 이것이 바로 헤이그 밀사 사
건이지요. 하지만 이 일로 일제는 눈엣가시 같던 고종을 황위에서 밀
어내고 그 아들인 순종을 즉위시킵니다. 스물네 살의 나이로 황제에
즉위한 순종은 사실 큰 힘이 없었습니다. 외교권과 재정권을 박탈당한
데다 일본의 압력으로 군대마저 해산되었기 때문이지요.

　그 뒤로 일제의 야욕은 점점 더 커져 갑니다. 황태자 영친왕을 유학
명목으로 일본에 인질로 잡아가는가 하면 경제 침탈을 위해 동양 척식

주식회사를 설립하는 등 대한 제국 침탈의 과정을 차근차근 밟아 가지요. 그리고 대한 제국으로 이어진 조선의 역사를 폄하하기 위해서 여러 가지 술책을 부리기도 합니다. 그 대표적인 예가 바로 창경원입니다. 창경궁은 경복궁과 창덕궁에 이어 조선 시대에 세 번째로 지어진 궁궐입니다. 화재로 소실된 경복궁 대신 역대 왕들이 창덕궁에 많이 거처하였기 때문에, 창덕궁 가까이에 왕실의 웃어른인 대비들이 지낼 수 있도록 만든 것이 바로 창경궁이지요.

그런데 바로 이 창경궁을 일제는 놀이동산으로 만들어 버렸습니다. 코끼리, 뱀 등과 같은 외국의 동물을 수입해서 동물원을 만들고, 여러 식물들을 모아서 식물원도 만들었지요. 그리고 표를 팔아 사람들을 입장시켰습니다. 이름은 창경궁이 아닌 '창경원'으로 바꾸었고요.

| 원고 | 순종 | 대리인 | 김딴지 변호사 |
| 피고 | 이토 히로부미 | 대리인 | 나카무라 변호사 |

청구 내용

일제가 구한말에 창경궁 내에 동물원과 식물원, 그리고 박물관을 조성한 것은 조선 왕조의 정통성과 조선 궁궐의 권위와 위엄을 훼손한 일입니다. 그런 일을 나 순종이 허락할 리가 없고 허락한 바가 없거늘, 일부 기록에 내가 그러한 계획에 적극 동조했고 동물원, 식물원, 박물관이 들어서서 공원화된 창경궁을 일반 백성들에게 개방하는 일에도 적극적으로 찬성했다고 전해지고 있는데, 그것은 모두 사실과 다릅니다. 창경궁을 함부로 공원화한 자는 초대 조선 통감이었던 이토 히로부미와 그의 일당들입니다.

이에 한국사법정에서 조선 왕조의 권위를 상징하는 궁궐을 망친 이토 히로부미의 죄를 낱낱이 밝히고자 하며, 나 순종이 그것을 허락했다고 허위 사실을 유포한 점을 명백히 밝혀내어 나의 억울함을 풀고자 합니다.

또한 일부 사람들은 우리나라 최초로 창경궁 내에 건립된 동물원, 식물원, 박물관이 당시 삶에 찌든 한국 백성들에게 새로운 문물을 보고 즐길 수 있는 여흥거리가 되어 주었다고 말하는가 하면, 밤낮으로 계속된 벚꽃 놀이로 조선 백성들이 삶의 활력을 얻을 수 있었다며 이를 긍정적으로 보는 사람들도 있는데, 이번 기회에 그런 생각이 옳은지 그른지 따져 보고자 합니다.

입증 자료

- 중학교 역사 교과서
- 고등학교 한국사 교과서
  그 외 자료 추후 제출하겠음.

위 청구인 순종

역사공화국 한국사법정 귀중

창경궁은
언제, 왜 지어졌을까?

1. 성종 때 건립된 창경궁
2. 임진왜란으로 소실된 창경궁
3. 창경궁은 어떻게 바뀌게 되었을까?

교과연계

역사
V. 조선의 성립과 발전
  3. 왜란과 호란의 극복
    1) 우리 민족은 왜란을 어떻게 극복하였는가?
    —왜군의 침입

성종 때 건립된 창경궁

역사공화국 서울 한복판에 있는 한국사법정은 아침부터 사람들로 붐볐다. 111호 법정 복도 벽에 붙은 '오늘의 재판' 안내서에는 시작 시간 오전 10시, 원고 순종, 피고 이토 히로부미, 내용은 '명예 훼손과 궁궐 파괴에 대한 고소 사건 제1차 재판'이라고 적힌 종이가 붙어 있다. 소장이 제출된 지 2주 만에 재판이 열린 것이다.

대한 제국의 마지막 황제인 순종이 일본 통감 이토 히로부미를 고소한 사건인 만큼 궂은 날씨에도 불구하고 재판 시작 한 시간 전부터 많은 방청객들이 모여들었다. 아직 재판이 시작되지 않아서 사람들은 삼삼오오 복도에 모여 오늘의 재판에 대해 이야기를 나누었다. 아버지를 따라 한국사법정에 처음 온 상식이가 아버지에게 무언가 열심히 묻고 있었다. 상식이는 특히 역사에 관심이 많아 학교에서도 역사 박사로 통했다.

"아빠, 오늘 재판은 뭐에 대한 거예요?"

"순종 황제가 이토 히로부미를 고소했단다."

"이토 히로부미요? 그게 누구더라? 아, 맞다. 초대 조선 통감 아니에요?"

"그래, 맞아."

"순종 황제가 왜 그 사람을 고소한 거예요?"

"이토 히로부미가 순종 황제의 명예를 훼손하고 창경궁을 마구 허물었다는구나."

상식이는 이상하다는 듯 고개를 갸웃거렸다.

"황제는 모든 사람 위에 군림하는 사람이잖아요?"

"그건 그렇지."

"그러면 그때 이토 히로부미에게 벌을 주었으면 될 텐데 이제 와서 법원에 고소하는 이유가 뭐죠?"

"그때는 그렇게 하지 못하는 안타까운 사연이 있었어. 순종이 황제 자리에 올랐을 때는 우리나라가 사실상 일본에 주권을 빼앗긴 시기였어. 그래서 일본 사람들이 나쁜 짓을 해도 어떻게 할 수가 없었지. 그래서 지금이라도 법정에서 잘잘못을 명백히 밝히려는 거야."

"그런 이유가 있었군요."

"자, 이제 재판이 시작되려나 보다. 들어가 보자."

"네."

법정 문이 열리자 방청객들은 안으로 들어가 자리를 잡고 앉았다.
앞쪽에 높직이 판사석이 보였다. 오른쪽에는 원고 측 변호사석과 증
인석 그리고 배심원석이 있고, 왼쪽에는 피고 측 변호사석과 증인석
이 있다. 문이 열리고 검은색 법복을 입은 판사가 법정으로 들어서
자 웅성거리던 소리가 잦아들었다.

판사   많은 분들이 오셨군요. 지금부터 역사공화국 한국사법정 사
건 번호 51호, 원고 순종에 대한 피고 이토 히로부미의 명예 훼손 및

궁궐 파괴 사건의 재판을 시작하겠습니다. 먼저 피고인 인정 신문을 하겠습니다. 피고는 앞으로 나와 증인석에 서 주세요. 피고는 이토 히로부미가 맞습니까?

이토 히로부미 네.

판사 간단히 자기소개를 해 주세요.

이토 히로부미 저는 초대 조선 통감을 지냈습니다.

판사 피고는 앉으시고, 원고 측 변호인이 먼저 신문을 시작하시지요.

김딴지 변호사 피고인 이토 히로부미는 조선 통감에 취임한 지 얼마 되지 않아서 창경궁을 훼손하기 시작했습니다. 이런저런 이유를 대면서 500년 조선의 역사가 살아 숨 쉬는 궁궐을 무참히 파괴한 것입니다. 피고 측에서는 순종 황제를 위로하기 위해서였다고 억지 주장을 펴고 있지만 모두 거짓입니다. 피고에게 묻습니다. 도대체 창경궁을 훼손한 이유가 무엇입니까?

이토 히로부미 훼손하려고 한 것이 아니오.

김딴지 변호사 훼손이 아니라면 무엇이란 말입니까?

이토 히로부미 훼손이 아니라 창경궁의 면모를 새롭게 하려고 한 겁니다.

김딴지 변호사 존경하는 판사님, 지금 피고의 말대로 새롭게 꾸민 것인지 훼손한 것인지 확인하기 위해, 이 사건의 중심인 창경궁이 어떻게 해서 지어졌고 원래 모습이 어떠했으며 지금은 어떤 모습으로 변해 있는지에 대해 알아보는 것이 순서라고 생각합니다.

판사 인정합니다.

1484년(성종 15)에 옛 수강궁 터에 지은 창경궁은 1963년 1월 18일 사적 제123호로 지정되었습니다.

김딴지 변호사 　먼저 창경궁이 지어진 내력을 알아보기 위해 증인을 신청합니다.

판사 　누굽니까?

김딴지 변호사 　▶김종직입니다. 항상 성종 임금 곁에 머물면서 나라의 큰일이나 왕의 말과 행동, 백관의 잘잘못, 당시 사회의 여러 모습 등을 기록하여 후세 정치의 거울로 삼게 하는 사관(史官) 직책을 맡았던 사람입니다.

판사 　허락합니다. 먼저 증인 김종직은 증인석에 나와 선서하십시오.

증인 김종직이 증인석으로 나왔다.

김종직   나, 김종직은 한국사법정에서 사실을 말하며 거짓을 고할 경우 달게 벌을 받겠습니다.

판사   원고 측 변호인, 증인 신문 하십시오.

김딴지 변호사   감사합니다. 증인은 창경궁 건립에 관한 일을 기록하는 직책을 맡아 보았으니 창경궁의 내력과 처음 지어졌을 때의 모습에 대해 잘 알고 있으시겠군요?

김종직   그렇습니다.

김딴지 변호사   창경궁이 처음 지어진 때가 언제입니까?

김종직   1484년, 성종 임금 때입니다.

김딴지 변호사   창경궁은 어떤 궁궐입니까?

김종직   창경궁은 창덕궁 동쪽에 있던 수강궁을 고쳐 지은 궁궐입니다. 수강궁은 태종 임금이 세종 임금에게 왕위를 물려주고 스스로 **상왕**이 되어 거처하기 위해 지은 궁궐이지요.

김딴지 변호사   수강궁 자리에는 다른 건물도 있었습니까?

김종직   덕수궁이라는 궁도 있었습니다.

김딴지 변호사   지금 서울 시청 옆에 있는 덕수궁과 같은 이름이군요.

김종직   맞습니다. 그렇지만 지금의 덕수궁은 그때는 있지도 않았어요.

김딴지 변호사   그런데 당시에 창덕궁이 있었는데 왜 또 그 옆에 창경궁을 짓게 되었나요?

김종직   그럴 만한 이유가 있었습니다.

김딴지 변호사   그 이유가 무엇입니까?

상왕
왕이 생존하여 있으면서 왕위를 다음 왕에게 물려주었을 때 물러난 왕을 일컫는 말입니다.

김종직 　당시 창덕궁에는 세조 비인 정희 왕후, 덕종 비인 소혜 왕후, 예종 비인 안순 왕후가 함께 살고 있었습니다. 그런데 이분들이 궁이 비좁아 작은 전각에서 지내시는 걸 못내 안타깝게 여긴 성종 임금이, 세 대비의 거처를 넓은 곳으로 옮기기로 마음먹었습니다. 마침 창덕궁 동쪽에 수강궁이 있었는데, 이 건물을 수리하면 될 것으로 생각했습니다.

김딴지 변호사 　곧바로 실행에 옮겼습니까?

김종직 　성종은 하루빨리 새 궁을 마련하여 대비들을 모시고 싶어 했지만 마침 큰 가뭄이 들어 농민들이 고통을 받고 있던 터라 신하들이 공사를 하지 말 것을 청했습니다.

김딴지 변호사 　그럼 없었던 일로 되었나요?

김종직 　아닙니다. 신하들의 반대에도 불구하고 성종은 공사를 강행하여 1년 4개월 만에 새 궁궐을 완성했습니다.

김딴지 변호사 　새로 지은 창경궁 안에는 얼마나 많은 전각들이 있었습니까?

김종직 　정전인 명정전을 비롯해서 문정전, 환경전, 경춘전, 통명전, 양화당, 수녕전, 여휘당, 사성각, 환취정 등 셀 수 없이 많은 전각과 당과 정자들이 들어서 있었습니다.

　증인의 말을 들은 방청객들은 현재 창경궁이 자리 잡고 있는 곳이 옛 수강궁 터라는 사실과 창경궁이 세 왕비를 모시기 위해 성종이 지은 궁궐임을 알게 되었다. 창경궁에 그토록 많은 전각이 들어서 있었다니 놀랍기도 했고, 그 모습이 어떠했을지 몹시 궁금하기도 했다. 웅성거리던 장내가 다시 조용해지자 판사가 말을 이었다.

조하
동지, 설날 아침, 왕이 될 사람이 예식을 치르는 날, 왕의 탄일 따위의 경축일에 신하들이 조정에 나아가 왕에게 하례하던 일이나 그런 의식을 말합니다.

판사 　창경궁이 처음 지어졌을 때 그 모습이 어떠했는지가 궁금하군요. 원고 측 변호인은 계속 진행해 주세요.

김딴지 변호사 　알겠습니다. 증인께서 조금 전에 창경궁을 지은 내력에 대해 말씀해 주셨는데, 지금부터는 창경궁의 규모에 대해 말씀해 주세요. 창경궁의 전체 크기는 얼마나 되었습니까?

김종직 　처음에는 수강궁을 수리해서 사용하려는 계획이었지만, 창경궁이 완성되고 보니 창덕궁 못지않게 크고 웅장했습니다. 조선 궁궐의 격식을 모두 갖추어 그 권위와 위엄을 한껏 드러냈지요. 아까 말씀드린 대로 정전인 명정전을 비롯하여 셀 수 없이 많은 전각들이 들어서 있었답니다.

김딴지 변호사 　명정전은 어떤 건물입니까?

김종직 　왕이 신하들의 조하(朝賀)를 받는 곳입니다. 창경궁에서 제일 큰 건물이지요. 사신을 맞이하거나 경로 잔치 등의 국가적 행사를 벌이는 곳으로 사용되었습니다. 경복궁의 근정전, 창덕궁의 인정전, 덕수궁의 중화전이 이와 같은 건물이지요.

김딴지 변호사 　문정전은 어떤 건물입니까?

김종직 　문정전은 명정전 오른쪽에 있는 건물로, 왕이 회의를 열어 신하들의 의견을 듣던 곳입니다. 한마디로 어전 회의가 열리는 곳이지요. 경복궁의 사정전과 같은 기능을 하는 건물입니다.

김딴지 변호사　　환경전과 경춘전에서는 누가 살았습니까?

김종직　　환경전에는 대비가 머물렀고, 경춘전에서는 왕과 왕비가 거처했습니다. 정조와 헌종이 이곳 경춘전에서 태어나셨습니다.

김딴지 변호사　　통명전과 양화당은 어떤 용도로 사용되었습니까?

김종직　　통명전은 경춘전 북쪽에 있는 전각인데, 주로 왕비의 침전으로 사용되었습니다. 이곳에서 명종 비인 인순 왕후가 승하하셨어요. 그리고 양화당은 통명전과 나란히 붙어 있는 건물로, 왕비의 생활 공간이면서 가끔 편전으로 사용되기도 했습니다.

김딴지 변호사　　잘 알았습니다. 그렇다면 이들 전각 이름과 창경궁이라는 궁궐 이름은 누가 지었습니까?

김종직　　당시 의정부 좌찬성 벼슬을 지낸 서거정이 지었습니다.

김딴지 변호사　　그렇군요. 당시 창경궁 담장은 오늘날 우리가 보는 것과 같았습니까?

김종직　　담장은 지금과 거의 같았습니다. 주위가 총 1.3킬로미터였고, 바깥 담장 높이는 사람 키의 한 배 반 정도이고 안 담장 높이는 사람 키만 했습니다.

김딴지 변호사　　궁궐을 새로 지었으니 나무도 심었겠군요. 어떤 나무를 심었나요? 해방 후에 일반 시민들이 창경궁에서 벚꽃 놀이를 즐겼는데, 그 벚나무들이 창경궁을 지을 때 심어 놓은 나무들인가요?

김종직 그럴 리가요. 매화라면 몰라도 벚나무 같은 것을 궁궐에 심다니요. 벚꽃은 일본 사람들이 좋아하는 꽃이 아닙니까? 그런 꽃을 왜 우리 궁궐에 심겠습니까? 창경원에 심어져 있던 벚나무는 일제 시대 때 모두 일본 사람들이 심은 것입니다. 더구나 성종 임금은 궁궐 안에 꽃나무를 심는 것을 좋아하지 않았습니다.

김딴지 변호사 그래요? 흥미롭군요. 왜 그랬습니까?

김종직 꽃나무를 궁궐에 심어 놓으면 왕이 나랏일은 돌보지 않고 꽃구경만 좋아한다는 오해를 살 수도 있기 때문입니다. 성종 임금은 꽃나무 대신 버드나무와 잡목을 심으라고 했습니다. 이 종류의 나무들은 빨리 자라기 때문에 궁궐에 심어 놓으면 담장 밖에서 안을 잘 볼 수 없는 이점이 있다고 생각했기 때문입니다.

김딴지 변호사 지금까지 상세히 답변해 주셔서 감사합니다. 이상으로 김종직 증인에 대한 신문을 마치겠습니다.

성종이 궁궐 안에 꽃나무를 심지 말라고 했다는 증인의 말에 방청객들은 매우 흥미로운 눈치였다. 방청객들은 창경궁에 흐드러지게 피었던 벚나무들이 조상들이 궁을 지을 때 심어 놓았던 것인지 의아했었는데, 김종직 증인의 말을 듣고 일본인들이 심어 놓았던 것임을 알게 되었다.

2

임진왜란으로 소실된 창경궁

증인이 제자리로 돌아가자 김딴지 변호사가 다시 판사에게 청했다.

김딴지 변호사　판사님, 이토 히로부미의 죄를 따지기 전에, **임진왜란** 때 함께 불타 버린 경복궁을 놔두고 왜 군이 창덕궁만 복원했는지 이유를 알아볼 필요가 있다고 생각합니다. 그것은 임진왜란 후에 창경궁이 얼마나 중요한 역할을 했는지 알 수 있는 증거 자료가 될 것입니다. 이와 관련해서 증인을 신청하고자 합니다.

판사　인정합니다.

김딴지 변호사　임진왜란 직후 경복궁 재건 계획에 참여했던 이국필을 증인으로 청합니다.

판사　허락합니다. 증인은 증인석에 나와서 선서하세요.

왜 창경궁에 동물원이 생겼을까?

이국필   저는 이 자리에서 사실만을 말하겠습니다.

판사   원고 측 변호인, 신문하세요.

김딴지 변호사   임진왜란 직후에 경복궁 복구 문제가 논의되었습니까?

이국필   네. ▶선조 임금은 의주로 갔다가 다시 한성으로 돌아온 뒤 불탄 경복궁 터에 다시 궁궐을 지을 것을 명령했습니다.

김딴지 변호사   그래서 어떻게 되었나요?

이국필   1606년에 궁궐 영건 도감을 설치하고 우선 주요 건물만이라도 지을 계획을 세웠습니다.

김딴지 변호사   그런데 왜 짓지 못했나요?

이국필   짓지 못한 것이 아니라 결국에는 짓지 않은 것이지요.

김딴지 변호사   짓지 않았다니 그게 무슨 뜻입니까?

이국필   잘 이해되지 않을 수도 있을 것입니다. 임진왜란으로 폐허가 된 한성 땅에 궁궐을 다시 짓는다면 당연히 정궁인 경복궁부터 지어야 했겠지요. 경복궁이 어떤 궁궐입니까? 조선을 일으킨 태조 임금이 창건한 조선 왕조의 상징이 아니겠습니까? 그런데도 경복궁을 재건하지 않은 데에는 나름의 몇 가지 이유가 있었지요.

증인 이국필은 잠시 옛날을 회상하는 듯하였다.

김딴지 변호사   이유를 설명해 주시지요.

임진왜란
조선 선조 25년인 1592년부터 31년인 1598년까지 2차에 걸쳐서 우리나라를 침입한 일본과의 싸움을 가리킵니다. 이순신의 활약에도 불구하고 다른 전투에서 계속 패하여 선조가 의주로 피란을 가는 등 큰 고초를 겪었습니다.

궁궐 영건 도감
영건은 집이나 건물을 새로 짓는다는 뜻으로, 궁궐 영건 도감은 궁궐을 짓는 일을 관장하기 위해 임시로 설치한 관아입니다.

교과서에는

▶ 왜군이 한성 근처까지 치고 올라오자 선조는 의주로 피란하였습니다.

행각
궁궐의 정당(正堂) 앞이나 좌우에 지은 줄행랑을 가리키며 월랑(月廊)이라고도 합니다.

회랑
왕이 나와서 조회를 하던 궁궐인 정당의 좌우에 있는 기다란 집채를 말합니다.

길흉화복
운이 좋고 나쁨을 뜻하는 '길흉'과 재화와 복록을 가리키는 '화복'을 아울러 이르는 말입니다.

중건
절이나 왕궁 따위를 보수하거나 고쳐 짓는 것을 말하지요.

이국필   네. 선조 임금은 경복궁은 조선을 건국한 태조 임금이 창건한 궁궐로 가진 뜻이 매우 크므로, 경복궁을 다시 짓지 않으면 않을지언정 이왕에 짓는다면 반드시 옛날 제도를 따라야 한다고 했습니다.

김딴지 변호사   옛날 제도를 따른다는 것은 무슨 의미인가요?

이국필   광화문에서 근정전에 이르기까지 전각 좌우에 모두 행각을 두고, 근정전에서 사정전, 강녕전, 교태전까지는 앞뒤 좌우의 회랑을 먼저 지어 정궁으로서의 기본적인 모습을 완전히 갖춘다는 의미이지요.

김딴지 변호사   그런데요?

이국필   임진왜란 후에 나라 재정이 어려운데, 형편에 맞춰 짓다 보면 반드시 갖추어야 할 것을 갖추지 못하는 경우가 생길 수 있지 않겠습니까? 그렇게 되면 경복궁이 가진 정궁으로서의 권위가 땅에 떨어질 우려가 있고, 또한 경복궁을 창건한 태조 임금을 욕되게 하는 것이니, 급하게 아무렇게나 짓느니 차라리 짓지 않는 것이 옳다고 선조 임금은 생각했던 것입니다.

김딴지 변호사   아, 그런 깊은 뜻이 있었군요. 단지 그 이유뿐이었습니까?

이국필   그것이 가장 큰 이유였지만, 일부 신하들이 경복궁 자리가 풍수적으로 좋지 않다고 주장한 것도 영향을 미쳤지요. 경복궁의 길흉화복을 적은 역대의 문서를 검토한 다음, 창덕궁 중건 공사를 하기로 했던 것입니다.

김딴지 변호사 　　그렇다면 임진왜란 직후에 복원된 창경궁의 전각들은 고종 황제 때 다시 지은 경복궁의 전각들보다 역사가 훨씬 오래된 궁궐인 셈이네요?

이국필 　　그렇습니다. 창경궁은 임진왜란 뒤에 창덕궁과 함께 조선을 대표하는 궁궐로 조선 정치의 중심에 서 있던 궁이지요. 그래서 창경궁은 오래오래 보존되어야 할 중요한 문화유산이지요. 그런데 요즘 많이 변해 버린 창경궁 모습을 보면 마음이 썩 좋지 않습니다.

김딴지 변호사 　　중요한 이야기를 들려주셔서 감사합니다. 이상으로 증인에 대한 신문을 마치겠습니다.

처음부터 긴장된 분위기 속에서 재판 과정을 지켜보던 방청객들은 잠시 숨을 돌렸다. 방청객들 중에는 오늘 재판을 취재하러 온 역사공화국 기자들도 있었다. 기자들이 복도에서 삼삼오오 모여 재판 내용을 기록한 메모를 정리하며 이야기를 나누고 있었다. 나특종 기자가 먼저 말문을 열었다.

"창경궁의 규모가 무척 크고 웅장했던 모양이야. 지금의 창경궁 모습에선 과거의 그 위엄과 웅장함을 전혀 찾을 수 없는데 말이지. 나는 다른 나라 궁전이나 성들에 비해 우리나라의 궁궐이 좀 초라하다고 생각했다니까. 그런데 이야기를 듣고 보니까 원래 그런 것이 아니었나 보군."

"맞아. 전각들이 셀 수 없이 많았고 궁궐 둘레가 1.3킬로미터를

넘었다고 하잖아."

마침 나특종 기자의 말을 듣고 있던 발빨라 기자가 대꾸했다.

"원래 모습대로 남아 있었다면 오늘날 창경궁이 얼마나 웅장하고 보기 좋았을까?"

"누가 아니래?"

두 기자가 말을 나누는 사이에 재판이 다시 시작되었고 모두 법정 안으로 들어갔다.

판사　　재판을 계속하겠습니다. 원고 측 변호인 진술하세요.

김딴지 변호사　　판사님, 임진왜란 후 창경궁의 모습이 어땠는지 알아보기 위해 다른 증인을 신청합니다.

판사　　누구입니까?

김딴지 변호사　　창경궁 영건 책임자였던 조만영입니다.

판사　　허락합니다. 먼저 증인 조만영은 선서하십시오.

조만영　　사실만을 말하고 거짓을 말하면 벌을 받도록 하겠습니다.

판사　　원고 측 변호인은 신문을 시작하세요.

김딴지 변호사　　지금 창경궁에 가 보면 공터와 잔디밭이 눈에 많이 띄는데, 원래부터 그런 것은 아니지요?

조만영　　그렇다마다요.

김딴지 변호사　　증인은 창경궁 짓는 일에 참여했는데요, 임진왜란 후 창경궁은 어떤 상태였나요?

조만영　　창경궁은 임진왜란 때 경복궁, 창덕궁과 함께 모두 불타 없어졌습니다.

김딴지 변호사　　궁궐이 불탔다면 선조 임금은 어디서 살았습니까?

조만영　　지금의 덕수궁 자리에 있던 월산 대군의 집을 고쳐 마련한 임시 궁궐에서 살았습니다.

김딴지 변호사　　월산 대군은 누구입니까?

조만영　　덕종의 맏아들이자 성종의 형입니다.

김딴지 변호사　　그렇다면 창경궁을 언제부터 본격적으로 복구하기 시작했나요?

조만영　　광해군과 인조 연간입니다.

김딴지 변호사　　그렇다면 지금 우리가 보는 건물들은 모두 그때 지어진 것입니까?

조만영　　그렇지는 않습니다. 오랫동안 잘 유지되어 오던 창경궁은 안타깝게도 순조 대에 이르러 또 큰불을 만나 많이 사라졌습니다. 대비의 침전인 환경전, 왕과 왕비의 침전인 경춘전, 왕이 신하들과 공부하고 정치와 학문을 토론하던 숭문당을 비롯해서 그 주변 건물이 모두 불에 타 버렸지요. 그러나 창경궁 정문인 홍화문과 명정문은 다행히도 화마를 피했습니다.

김딴지 변호사　　곧 복구 공사가 시작되었나요?

조만영　　네. 순조 임금은 통명전, 양화당, 경춘전, 환경전, 함인정 등을 다시 지었습니다. 그리고 건물의 편액 글씨를 직접 쓰기도 했는데, 통명전, 경춘전, 양화당의 편액도 순조 임금이 쓴 것입니다.

월산 대군
조선 성종의 형으로 문장이 뛰어나 『풍월정집』과 같은 작품집을 남기기도 하였습니다.

김딴지 변호사 그러면 당시에 남아 있던 건물과 새로 지은 건물들은 그 이후에 별 탈 없이 잘 보존되었습니까?

조만영 그렇습니다. 적어도 일제 강점기 이전까지는요.

김딴지 변호사 증언 감사합니다. ▶창경궁은 임진왜란 후 많은 전각들이 불타 없어졌지만 다시 복구되었습니다. 크고 작은 전각과 대문, 아름다운 담장, 숲 속의 정자 등이 즐비하였습니다. 그런데 지금 보는 창경궁 모습은 어떻습니까? 건물보다 빈터가 더 많지 않습니까? 이렇게 된 것은 모두 저기 있는 피고 이토 히로부미가 동물원, 식물원, 박물관을 짓겠다고 전각들을 허물어 낸 결과입니다. 한국사법정에서는 피고에게 궁궐 파괴 죄를 물어 무거운 벌을 내려야 마땅합니다.

교과서에는

▶ 7년간의 전쟁은 조선의 승리로 끝났지만, 임진왜란으로 가장 큰 피해를 본 것은 조선이었습니다. 국토가 황폐화되고, 문화재의 손실이 매우 컸지요.

왜 창경궁에 동물원이 생겼을까?

3

창경궁은 어떻게
바뀌게 되었을까?

판사   그렇다면 창경궁이 옛날의 모습을 잃게 된 것은 언제부터인

가요?

김딴지 변호사   네. 창경궁의 모습이 바뀌게 된 것은 이토 히로부미

가 통감으로 조선에 온 이후부터입니다. 당시 일본은 러일 전쟁에서

승리한 후 1905년에 이른바 을사조약(乙巳條約)을 강제로 맺고 대한

제국을 보호한다는 명분 아래 외교권을 빼앗아 갔습니다. 각국 공사

관을 철수시키고, 통감부를 설치하여 대한 제국의 내정에 깊숙이 관

여하면서 본격적인 식민지 건설을 준비하기 시작했습니다. 그 중심

에 1대 조선 통감인 이토 히로부미가 있었던 것입니다. 그때부터 한

성의 궁궐은 큰 변화를 겪었습니다. 이토 히로부미는 창경궁에 동물

원과 식물원, 그리고 박물관을 설치하여 왕이 거처하던 궁궐을 일반

을사조약
1905년 을사년에 러일 전쟁에서 승리한 일본이 대한 제국의 외교권을 박탈하기 위해 강제로 체결한 조약으로 제2차 한일 협약, 을사늑약이라고도 합니다. 이토 히로부미는 을사조약을 맺어 우리나라가 일본에 넘어가는 데 가장 큰 역할을 한 인물입니다.

위락 시설
위로와 안락을 아울러 '위락'이라고 하는데, 이러한 목적으로 만들어진 시설이 바로 위락 시설이지요.

궁내부
고종 31년(1894)에 설치된 관아로, 왕실에 관한 모든 일을 맡아보았습니다.

이왕직
일제 강점기에 조선 왕실의 일을 맡아보던 관청입니다.

대중의 **위락 시설**로 변질시킨 것입니다. 좀 더 자세하게 창경궁 훼손의 전후 사정을 알아보기 위해 증인을 신청합니다.

판사 　좋습니다. 증인은 누구입니까?

김딴지 변호사 　일제가 대한 제국 **궁내부**를 **이왕직**으로 개편하면서 주요 자리에 일본 사람을 배정했는데, 당시 이왕직의 차관과 제실 재산 정리국 장관, 어원 사무국 총장을 맡았던 고미야 미호마츠입니다.

판사 　증인 고미야 미호마츠는 증인석에 올라 선서해 주세요.

고미야 미호마츠 　네. 나는 한국사법정의 증인으로서 사실만을 말하고, 거짓을 말하면 벌을 받도록 하겠습니다.

판사 　원고 측 변호인은 신문하세요.

김딴지 변호사 　1908년 8월 궁내부에서 어원 사무국을 신설하고 동물원과 식물원, 박물관에 관한 사무를 처리하게 한 것으로 알고 있는데 맞습니까?

고미야 미호마츠 　맞습니다. 저는 당시 궁내부 차관과 제실 재산 정리국 장관을 겸임하고 있었고, 1908년에 궁내부에서 어원 사무국을 신설하자 동물원과 식물원, 박물관에 관한 사무를 처리하게 되었지요. 당시 저는 사무국의 총장을 맡았습니다.

김딴지 변호사 　어원 사무국에 한국 사람은 없었습니까?

고미야 미호마츠 　한 사람 있었습니다. 윤치형 이사가 그 사람입니다.

창경궁에
원숭이, 낙타, 코끼리도
들여놓고~

김딴지 변호사　　당시 사무국에서 중요한 직책을 맡은 사람들로는
누가 있나요?

고미야 미호마츠　　박물관, 동물원, 식물원의 서무와 회계를 맡은 스
에마츠 구마히코와 박물관 조사 사무를 맡은 시모코리야마 세이지
등이 있었습니다.

김딴지 변호사　　중요한 직책을 맡은 사람이 대부분 일본인이군요.

고미야 미호마츠　　그렇습니다.

김딴지 변호사　　그래서 한국 사람의 뜻이 반영되기는 어려웠겠군요.

고미야 미호마츠　　그럴 수 있었습니다.

김딴지 변호사　증인이 어원 사무국에서 일했으니 창경궁에서 벌어진 여러 가지 공사에 관해서도 자세히 알고 있을 텐데 사실 그대로 말씀해 주세요. 그럼 첫 번째 질문을 하겠습니다. 창경궁 안에 동물원과 식물원, 박물관을 지을 계획은 언제 세워졌습니까?

고미야 미호마츠　1907년 11월, 창경궁 약 6만 평에다 박물관과 동물원, 식물원을 설치하기로 결정했고, 이 계획은 곧바로 진행되었습니다. 1908년 1월에 제반 건물 준비에 착수했고 박물관에 진열할 고미술품의 수집에 들어갔지요. 순종 황제 측근에서 궁내부 사무관과 이왕직 사무관을 역임한 곤도 시로스케의 회고록인 『이왕궁비사』에는 1908년 봄에 기공식이 거행되었다고 기록되어 있습니다.

김딴지 변호사　순종 황제가 고종 황제 뒤를 이어 황위에 오른 지 1년쯤 된 시기군요?

고미야 미호마츠　그렇습니다.

김딴지 변호사　언제 동물원과 식물원이 준공되었나요?

고미야 미호마츠　1909년 봄입니다. 시작한 지 1년여 만이지요.

김딴지 변호사　동물원과 식물원은 그렇고, 박물관은 언제 어디에 지었습니까?

고미야 미호마츠　동물원과 식물원보다 늦은 시기인 1912년에 통명전 북쪽 자경전 터에 지었습니다.

김딴지 변호사　그렇다면 박물관을 다 짓기 전에는 유물들을 어디에서 전시했습니까?

고미야 미호마츠　창경궁의 여러 전각을 전시장으로 고쳐 그곳에 유물을 전시했습니다.

김딴지 변호사   전각을 유물 전시장으로 사용하려면 내부 구조를 바꿔야 했을 텐데, 실제로는 어떻게 했습니까?

고미야 미호마츠   방과 방, 방과 마루 사이의 벽을 모두 허물어 공간을 넓게 만들고, 바닥에는 마루나 타일을 깔아 신발을 벗지 않고 관람할 수 있게 했습니다.

김딴지 변호사   전각 안을 완전히 들어낸 셈이군요.

고미야 미호마츠   그렇다고 볼 수 있지요.

김딴지 변호사   참으로 어처구니가 없군요.

고미야 미호마츠   ······.

김딴지 변호사   그때 유물 전시실로 고쳐 쓴 전각들은 어떤 건물이었습니까?

고미야 미호마츠   명정전, 경춘전, 환경전, 양화당 등입니다.

김딴지 변호사   명정전은 왕이 신하들과 조회하는, 창경궁에서 가장 크고 중요한 전각이고, 나머지 전각들도 모두 창경궁에서 매우 중요한 곳인데, 내부를 모두 헐어 내고 유물 전시장으로 만들었다는 거로군요.

고미야 미호마츠   ······.

김딴지 변호사   그렇다면 동물원은 어느 자리에 지었습니까?

고미야 미호마츠   명정전 남쪽에 있는 보루각을 헐고 그 자리에 지었습니다.

김딴지 변호사   보루각은 물시계를 설치해 놓은 곳이 아닙니까? 이 건물을 허문 자리에 동물원을 지었다고요?

고미야 미호마츠   네.

김딴지 변호사   한 가지 더 묻겠습니다. 지금 창경궁에서 종묘로 가려면 율곡로 위의 구름다리를 건너가게 되어 있는데, 처음부터 그렇게 길이 나 있었던 것은 아니지요?

고미야 미호마츠   그렇습니다. 처음에는 창경궁과 종묘가 한 울타리 안에 있었고 지금과 같은 길은 없었습니다.

김딴지 변호사   그런데 왜 길을 뚫었습니까?

고미야 미호마츠   교통을 편리하게 하려고 길을 냈습니다.

고미야 미호마츠의 증언을 듣고 있던 증인 조만영이 자리에서 벌떡 일어섰다. 방청객들의 시선이 일제히 조만영에게로 쏠렸다.

조만영   판사님! 지금 할 말이 있습니다. 발언권을 주십시오.

판사   증언과 직접 관련된 내용입니까?

조만영   그렇습니다.

판사   그럼 짧게 말해 주십시오.

조만영   감사합니다. 지금 고미야 미호마츠가 한 말은 새빨간 거짓입니다. 교통을 편리하게 하려고 길을 뚫었다는 것은 일제가 내세우는 명분에 지나지 않습니다. 풍수지리상 북한산의 주맥이 창경궁에서 종묘로 흐르게 되어 있는데, 새로 낸 길로 이 정기를 끊어 민족혼을 말살시키려는 저들의 흉계였습니다. 우리나라의 풍수를 연구한

일제가 조선의 민족혼을 끊기 위해서 창경궁과 종묘 사이에 길을 내어 맥을 끊어 버린 것이지요.

일본은 전국을 돌아다니며 혈맥을 자르고 철심을 박고 철로를 빙자해서 명산의 맥을 끊는 등, 우리 민족정기를 해치는 갖은 만행을 저질렀습니다. 율곡로를 뚫은 진짜 이유를 확실히 알아야 합니다.

조만영의 말이 끝나자 방청석이 또다시 술렁거렸다. 김딴지 변호사가 이어 말했다.

김딴지 변호사　　조만영 증인의 말대로 일제는 풍수적으로도 우리나라 땅을 유린한 것이 엄연한 사실입니다. 율곡로를 뚫은 것도 마찬가지입니다. 판사님께서는 이 점을 깊이 유념해 주시기 바랍니다. 서울시에서 2013년 3월까지 이 도로를 지하 터널로 만들고 그 위를 흙으로 덮고 나무도 심어서 원래 모습으로 만든다고 하니 그나마 다행입니다. (2016년 현재 공사 진행 중)

판사　원고 측 변호인의 신문을 끝으로 첫째 날 재판을 모두 마치겠습니다.

　땅, 땅, 땅!

　첫 번째 재판이 끝난 뒤 방청석을 나온 학생들이 재판 내용에 대해 서로 이야기를 나누었다.

　"나는 궁궐에 식물원과 동물원을 지은 것이 왜 나쁘기만 한 건지 이해할 수가 없어. 궁궐 전체를 파괴한 것이 아니라 일부 전각을 헐고 지었다고 하잖아. 건물을 철거한 것은 나쁘다지만, 희귀한 꽃들과 이국적인 동물들을 궁궐에 들여놓고 황제를 비롯하여 모든 백성들이 보고 즐길 수 있게 했으니 크게 나쁜 일은 아니라고 생각해."

　같이 이야기를 나누고 있던 친구가 맞장구를 쳤다.

　"듣자니까 다른 나라의 왕들도 아름다운 정원과 공작과 사슴이 노는 영지를 가지고 있었대. 단지 일본 사람들이 한 일이라 해서 모두 나쁜 일이라고 생각할 필요는 없다고 봐. 솔직히 말하면 흥선 대원군이 나라의 문을 잠가 놓는 바람에 우리나라가 신문물을 일찍 받

　왜 창경궁에 동물원이 생겼을까?

아들이지 못해 손해 본 게 어디 한둘인가? 궁궐 일부를 이용하여 백성들이 즐길 수 있는 휴식 공간을 만든 것은 그리 큰 잘못이라고 생각지 않아."

옆에서 듣고 있던 다른 친구가 조금 다른 의견을 냈다.

"모든 것은 좋든 싫든 본인이 주권을 갖고 결정해야 하지 않을까? 이 상황은 일본이 대한 제국의 주권을 무시하고 자기들 멋대로 일을 저지른 사건이야."

"듣고 보니 그렇기도 하네."

"김딴지 변호사가 어떤 사람이야? 논리적이고 지혜로운 사람이 잖아. 반드시 진실을 밝혀낼 거야. 다음 재판을 지켜봐야지."

몇 마디 말을 더 나눈 후 이들은 헤어졌다.

다알지 기자

　　안녕하십니까? 역사 공화국의 법정 뉴스를 맡고 있는 다알지 기자입니다. 저는 오늘 여러분이 궁금해하는 창경궁 관련 재판 현장에 나와 있습니다. 오늘 재판은 전반적으로 원고 측 변호사에 의해서 이끌어졌는데요, 요약하면 창경궁의 역사를 되짚어 보는 시간을 가졌다고 할 수 있습니다. 성종 때 건립된 창경궁이 임진왜란 때 소실되었고 또 이것이 왜 바뀌게 되었는지 찬찬히 짚어 보는 시간을 가졌지요. 많은 방청객들이 오늘 재판을 통해 당시 창경궁이 얼마나 대단한 규모였는지 새삼 느껴 볼 수 있는 시간을 가졌다고 말했습니다. 아, 마침 저곳에 오늘 재판에서 원고 측 증인으로 증언을 한 김종직 씨와 고미야 미호마츠 씨가 있네요. 그럼 두 분을 만나 앞으로의 재판이 어떻게 될지 들어 보겠습니다.

김종직

　안녕하시오. 나는 김종직이라고 하오. 조
선 시대 성종 대의 사람으로 다들 나더러 '사
림파의 기둥'이라고 부르지요. 홍문관에서 '응
교'라는 벼슬자리에 있을 때 창경궁 건설에 관한
기록을 담당했다오. 많은 어려움이 있었지만, 세 분의 왕비를 모시는
중요한 궁궐이었기에 창경궁을 짓는 일에 최선을 다했지요. 그래서 소
혜 왕후와 안순 왕후가 창경궁으로 들어갈 때는 마음이 어찌나 뿌듯하
던지……. 그런데 말이오, 지금은 눈물밖에 나지 않는다오. 옛날 창경
궁의 모습과 지금의 창경궁의 모습은 너무 차이가 나서 말이오. 한 나
라의 궁궐을 어떻게 그렇게 망쳐 버릴 수가 있는지……. 그런 의미에
서 창경궁을 이렇게 망친 사람은 반드시 죄의 대가를 치러야 한다고
생각한다오.

고미야 미호마츠

　음음, 사실 오늘 전 증언을 하는 내내 뒤통수가 따끔따끔하더라고요. 피고인 이토 히로부미님과 피고 측 변호사인 나카무라 씨가 쳐다보는 눈길이 너무 매서워서 말이죠. 제가 오늘 어쩌다 이 두 분의 반대편에 서서 증언을 하게 되었는지 모르겠습니다. 사실 저는 대한 제국 당시 이왕직 차관과 제실 재산 정리국 장관을 겸임하고 있었답니다. 아주 중요한 자리였지요. 또한 창경궁 안에 동물원, 식물원과 박물관을 짓는 일에 깊숙이 관여했지요. 동물이나 식물들을 수입하고 기르고 관리하는 책임도 맡았으니까요. 그러다 보니 오늘 재판에서 증인의 자리에 섰는데, 제가 한 말 때문에 이토 히로부미 님이 불이익을 당하는 것은 아닌지 걱정이 됩니다. 사실 과거 일은 과거 일로 묻어 두는 게 좋지 않겠습니까?

궁궐이란 무엇인가?

천자나 제왕, 왕족이 사는 규모가 큰 건물을 궁이라 합니다. 궁궐은 그 성격에 따라서 정궁, 행궁, 이궁 등으로 구별하여 부릅니다. 정궁은 왕과 왕비가 거처하고 정치의 중심지로 되어 있는 궁이고, 행궁은 왕이 정궁을 떠나 다른 곳에 거둥할 때 잠시 머물러 생활하는 궁이며, 이궁은 세자궁 또는 태자궁이지요. 정조 임금이 아버지인 사도 세자의 능에 참배하러 수원에 갈 때 자주 이용했던 궁이 수원 행궁입니다. 궁궐은 왕과 왕족 및 그들의 생활을 돌보는 사람들이 모여 사는 곳이기도 하지만, 특히 정궁은 백성을 다스리는 일이 논의되고 결정되는 정치의 중심지로서 매우 중요합니다.

궁궐 건축은 크게 나랏일을 돌보기 위한 정치적 공간과 일상생활을 위한 생활 공간, 그리고 휴식과 정서를 위한 정원으로 구성되어 있습니다. 경복궁을 비롯한 모든 궁궐에는 법전 또는 정전이라고 하는 건물이 있습니다. 정전이란 나라에 큰 행사가 있을 때 왕과 신하들이 한자리에 모이는 곳입니다. 경복궁의 근정전, 창덕궁의 인정전, 창경궁의 명정전, 덕수궁의 중화전 등이 바로 그런 곳이지요. 이곳에서 왕의 즉위식, 세자 책봉식, 왕대비 등 왕족의 환갑잔치, 세자의 혼례식, 변방에서 큰 공을 세우고 돌아온 장군의 위로 잔치, 외국 사신을 맞이하는 환영식 등이 벌어졌습니다.

정전 뒤쪽에는 왕이 그곳에서 직접 나라를 다스리는 편전이 있습니다. 경복궁의 사정전, 창덕궁의 신정전(희정당), 창경궁의 문정전이 각 궁궐의 편전입니다. 편전은 요즘의 대통령 집무실과 같은 곳이에요. 편전에서는 왕이 직접 신하들과 머리를 맞대고 궁궐 안의 일이나 백성들을 위한 여러 가지 대책 등을 논의하였습니다.

왕이 하루의 일과를 끝낸 뒤 편히 쉴 곳이 있어야겠지요? 이런 용도로 사용하는 건물이 침전 또는 내전입니다. 경복궁의 강녕전과 교태전, 창덕궁의 희정당과 대조전, 창경궁의 경춘전과 통명전 등이 이에 해당되지요. 침전은 왕이 쓰는 건물과 왕비가 사용하는 건물이 구별되어 있었는데요, 일반 백성들의 경우 부부가 한집에서 지내는 것과는 다른 점이지요.

조선의 4대 궁궐

서울의 명소이자 조상의 숨결과 위엄이 살아 있는 곳이 바로 4대 궁궐입니다. 4대 궁궐은 경복궁, 창덕궁, 창경궁, 덕수궁을 가리키는데, 창덕궁과 창경궁을 합쳐 조선 시대에는 '동궐'이라고 불렀습니다. 동쪽에 있는 궁궐이라는 의미지요.

경복궁은 1392년 태조 이성계가 조선을 세운 뒤 짓기 시작해 1395년에 완공되었습니다. 경복궁이라는 이름은 '새 왕조가 큰 복을 얻어 크게 번영할 것'이라는 뜻이지요. 임진왜란 때 불탄 것을 흥선 대원군이 주도하여 복원하였는데, 일제 강점기 등을 거치며 현재의 규모로 줄어들었습니다.

창덕궁은 조선의 4대 궁궐 중 왕이 가장 오랫동안 거처하며 나라를 다스린 궁궐로 꼽을 수 있습니다. 임진왜란 때 조선의 많은 전각들이 불타 없어진 뒤 가장 빨리 복원되어 오랜 기간 정궁의 역할을 해 왔기 때문이지요.

경복궁 향원정

창덕궁 인정전

창경궁은 성종 15년인 1484년에 지어졌으며, 임진왜란 때 불탄 것을 광해군이 다시 세웠습니다. 일제에 의해 창경궁에 동물원이 들어서는 치욕을 겪기도 하였지요. 역사적으로는 사도 세자가 뒤주에서 죽는 비극이 일어난 장소이자, 왕이 직접 농사의 시범을 보인, 의미있는 궁궐이기도 합니다.

덕수궁은 처음에는 '경운궁'으로 불리었습니다. 이곳에서 을사조약이 체결되었고, 순종과 윤비가 가례를 올렸습니다. 경운궁에서 고종은 을사조약의 부당함을 세계에 알리려고 애쓰다 폐위됩니다. 순종이 경운궁에서 황제에 오른 뒤 창덕궁으로 옮겨 가서 고종에게 '덕수'라는 궁궐 이름을 올리면서 '덕수궁'으로 불리게 되었습니다. 고종이 1919년 눈을 감은 곳도 바로 이 덕수궁입니다.

창경궁 명정전

덕수궁 석조전

왜 창경원이라 불리게 되었을까?

1. 동물원과 식물원은 순종을 위해 건립된 것일까?
2. 이토 히로부미의 흉계는 무엇일까?

동물원과 식물원은
순종을 위해 건립된 것일까?

간밤에 찬바람이 불더니 가로수 잎들이 거의 다 졌다. 이따금 부는 바람에 앙상한 나뭇가지에 매달린 잎사귀 몇 장이 부르르 흔들린다. 스산한 구한말의 황실 이야기를 예감해선가, 재판 둘째 날인 오늘 법정 안의 분위기는 무거웠다. 이때 조용히 문이 열리면서 판사가 법정으로 들어섰다.

서기 　판사님께서 들어오십니다. 모두 자리에서 일어나 주십시오.

판사 　자, 둘째 날 재판을 시작하겠습니다. 오늘 법정에서는 이번 사건의 핵심이라고 할 수 있는 창경궁 공원화 계획에 원고가 직접 관여했는지에 대해 깊이 있게 따져 볼 것입니다. 원고 측 변호인과 피고 측 변호인은 객관적 사실에 근거하여 변론해 주시기 바랍니다.

그럼 원고 측 변호인부터 시작하시지요.

김딴지 변호사   피고인 이토 히로부미는 원고인 순종 황제가 창경궁에 동물원, 식물원, 박물관을 건립하는 계획에 찬성했고 창경궁을 공원으로 꾸미는 일을 적극적으로 도왔다고 주장함으로써 대한 제국 황제의 명예를 크게 손상시켰습니다. 창경궁 공원화 계획은 전적으로 피고와 그 뒤에서 일을 봐 주었던 관리들에 의해 주도된 것입니다. 피고는 궁궐을 망쳐 놓고도 오히려 그 책임을 원고에게 떠넘기고 있습니다.

판사   피고 측 변호인에게 묻겠습니다. 창경궁을 훼손한 사실을 인정합니까?

나카무라 변호사   전각 몇 채를 허문 것을 굳이 궁궐 훼손이라고 주장한다면 그렇게 볼 수도 있겠지요. 그러나 창경궁의 일부 전각을 헐어 낸 것은 궁궐을 훼손하려는 것이 아니라 을사조약 이후 우울한 나날을 보내는 순종을 위로하기 위해 동물원과 식물원을 지을 터를 마련하기 위한 것이었습니다. 원고 측에서는 그것을 가지고 궁궐을 망쳤다고 억지 주장을 펴고 있는데, 망친 것이 아니라 오히려 궁궐을 아름답고 활력 넘치는 곳으로 만드는 공을 세웠다고 봐야 할 것입니다.

판사   피고 측 변호인은 어떤 이유에서 그렇게 생각합니까?

나카무라 변호사   역사를 살펴보면 중국의 황제들이 살았던 미앙궁의 화려한 정원인 상림원에서는 세계 도처에서 모은 온갖 기이한 화초와 동물을 기른 예가 있습니다. 중국의 황제들은 정사를 돌보는

미앙궁
'서궁'으로도 불리며 장락궁과 함께 한나라의 2대 궁전 중의 하나입니다. 기원전 200년에 건립되었으며 각 왕조의 황제가 기거했습니다. '미앙'은 '영원무궁함'을 뜻하는 말이지요.

폐위된 순종 황제를 위로한다는 명목으로 지은 창경궁의 식물원과 동물원

기화요초
옥같이 고운 풀에 핀 구슬같이
아름다운 꽃이라는 뜻입니다.

틈틈이 상림원에 들러 **기화요초**와 희귀한 동물들을 구경하면서 머리를 식히곤 했습니다. 미앙궁뿐만 아니라 황제들이 살았던 다른 궁궐 정원에도 이와 같은 휴식 공간을 만들어 놓았지요. 궁궐에 마련된 이런 시설은 황제의 궁궐을 아름답게 꾸미는 효과와 함께 정사에 지친 황제를 위로하고 권위를 높여 주는 기능을 톡톡히 했습니다. 창경궁에도 이와 같은 목적으로 동물원과 식물원을 지은 것입니다. 그런데 이것을 어찌 궁궐을 망치는 일이라고만 말하겠습니까?

판사   피고가 창경궁 안에 동물원과 식물원을 세우려고 할 때 원고는 어떤 반응을 보였습니까? 그렇게 하라고 선뜻 허락했습니까?

나카무라 변호사   황제가 엄연히 계시는데 이런 크고 중요한 일을 어떻게 피고 혼자서 결정하고 실행할 수가 있었겠습니까? 공사가 즉시 이루어진 것을 보면 원고의 허락이 있었다고 판단됩니다.

왜 창경궁에 동물원이 생겼을까?

이 말이 떨어지자마자 김딴지 변호사가 자리에서 벌떡 일어나 판사에게 말했다.

김딴지 변호사　판사님! 지금 피고 측 변호인에게 질문할 수 있게 해 주십시오.

판사　허락합니다.

김딴지 변호사　감사합니다. 피고 측 변호인은 무엇을 잘못 알아도 크게 잘못 알고 있습니다. 중국 미앙궁의 경우는 멀쩡한 전각들을 헐어 내고 그 자리에 화초와 동물들을 기른 것이 아닙니다. 처음부터 후원 숲 속에 동물과 식물을 기르는 시설을 갖추었던 것이지요. 그것을 어찌 궁을 헐어 내고 지은 동물원과 식물원에 비교할 수 있겠습니까? 피고 측 변호인이 주장하는 것처럼 좋은 뜻에서 동물원과 식물원을 지으려고 했다면 창덕궁 후원의 숲 속이나 담장 밖에서 좋은 터를 골라 지을 수도 있었을 것입니다. 그런데 굳이 멀쩡한 전각을 헐어 내고 그 자리에 동물원과 식물원을 지으려 했던 것은 다른 의도가 있었던 것 아닙니까? 원고를 위해 한 일이라고 말하는 것은 핑계에 불과합니다.

나카무라 변호사　창덕궁 후원은 전체가 산과 언덕과 계곡으로 이루어져 있어서 동물원이나 식물원을 짓는 것이 불가능합니다. 창덕궁에 거처하는 원고가 수시로 들러 동물들의 재롱을 보며 나라의 근심을 잊을 수 있도록 가까운 곳을 찾다 보니 창경궁이 선택된 것뿐입니다. 오직 원고를 배려하는 마음에서 동물원과 식물원을 세운 것이지요. 판사님, 그리고 배심원 여러분, 이 점을 충분히 감안해 주시면 감사하겠습니다.

판사　피고 측 변호인 주장대로라면 어디까지나 원고를 배려하고 위로하려는 충정에서 창경궁 내에 동물원과 식물원을 지었다는 건데요, 그것을 증명해 줄 수 있는 증인이나 증거가 있습니까?

나카무라 변호사　물론입니다. 증인을 신청합니다.

판사　증인은 누구입니까?

나카무라 변호사　곤도 시로스케입니다. 피고에 의해 궁내부 사무관으로 특채되어 1907년 창덕궁에 들어간 뒤 15년간 원고 옆에서 궁궐 안의 크고 작은 일을 도맡아 처리하면서 황실의 중요한 역사적 순간들을 직접 목격했던 사람입니다.

　　피고 측 증인인 곤도 시로스케가 증인석에 올랐다.

판사　채택하겠습니다. 증인 곤도 시로스케는 선서하십시오.

곤도 시로스케　저는 사실만을 증언하며 만약 거짓을 말할 경우 벌을 받겠습니다.

판사　피고 측 변호인, 신문해 주세요.

나카무라 변호사　증인은 피고와 어떤 관계입니까?

곤도 시로스케　이토 히로부미 통감은 제가 궁내부 사무관으로 특별 채용되어 궁에 들어갈 수 있도록 배려해 준 자상한 분입니다.

나카무라 변호사　증인이 볼 때 피고는 어떤 사람이고 평소의 성격은 어떠했습니까?

곤도 시로스케　　일본이 근대 국가로 발전하는 데 많은 영향을 끼친 정치가입니다. 사려가 깊고 인정이 많은 분이시죠. 남보다 두 배 더 일하고 추진력도 뛰어나서 배울 만한 점이 많았습니다. 한편으로는 포용력도 있고, 순박한 면도 있으셨죠.

나카무라 변호사　　피고는 통감으로 있을 때 대한 제국 황실과 한국인들을 위한 배려를 아끼지 않았다고 들었는데, 맞습니까?

곤도 시로스케　　맞습니다.

나카무라 변호사　　그렇게 생각하는 이유를 말씀해 보세요.

곤도 시로스케　　이토 히로부미 통감은 항상 조선의 전통 문화를 아끼고 한국인을 사랑하는 마음을 품고 있었습니다. 그래서 모든 시책을 대한 제국과 한국인들을 위하는 차원에서 실행하려고 애썼습니다.

나카무라 변호사　　증인은 피고가 창경궁에 동물원과 식물원을 지은 것에 대해 어떻게 생각합니까?

곤도 시로스케　　평소 그분의 성품으로 볼 때 창경궁에 동물원과 식물원을 세운 것은 창덕궁에서 우울한 나날을 보내고 있는 순종 황제를 위로하려는 충정에서 비롯된 것임을 확신합니다.

나카무라 변호사　　원고도 그러한 피고의 마음을 잘 이해했다고 생각합니까?

곤도 시로스케　　그렇다고 생각합니다.

나카무라 변호사　　존경하는 판사님, 지금까지 증인이 말한 대로 피고는 원고와 한국인들을 위해 많은 일을 했습니다. 그것은 누구도 부정할 수 없는 엄연한 사실입니다. 대한 제국 황실과 백성들을 위해 노력한 피고의 충정을 무시하고 오히려 원고의 명예를 훼손하고 궁궐을 파괴했다고 누명을 씌우는 것은 당치 않다고 생각합니다. 이 상으로 증인 곤도 시로스케에 대한 신문을 마치겠습니다.

이때 피고석에서 팔짱을 끼고 눈을 지그시 감은 채 증인인 곤도 시로스케의 말을 듣고 있던 이토 히로부미가 나카무라 변호사에게 무언가 귓속말을 건넸다. 나카무라 변호사가 고개를 끄덕이더니 판사에게 말했다.

나카무라 변호사　　판사님, 피고가 곤도 시로스케 증인의 말에 덧붙일 것이 있다고 합니다. 피고가 하려는 말은 공정한 판결을 위해 매우 중요한 내용이니 발언을 허락해 주십시오.

판사　　허락합니다.

이토 히로부미　　지금까지 증인인 곤도 시로스케가 말한 것은 본인의 많은 업적 중 일부에 지나지 않습니다. 일본과 조선은 서로 가까이 있으면서 기쁨과 근심을 나누고 서로 의지했습니다. 두 나라 백성들의 마음속에는 형제의 우의가 있었어요. 그래서 서로 합쳐서 일체를 이루는 것은 매우 자연스러운 일이라고 생각했지요. 일본의 천황 폐하께서는 대한 제국의 안녕을 확실히 보장하고 동양 평화를 영원히 유지하는 것을 간절히 원하여 순종 황제의 희망에 따라 통치권을 이양받았고, 이 나라를 위한 정책을 폈습니다.

김딴지 변호사　판사님! 피고는 지금 억지 주장을 하고 있습니다. 원고의 희망에 따라 통치권을 이양받았다는 것은 말도 되지 않습니다. 피고의 발언을 취소시켜 주십시오.

　　이때 나카무라 변호사가 자리에서 벌떡 일어나 김딴지 변호사를 쏘아보면서 말했다.

나카무라 변호사　김딴지 변호사야말로 말을 함부로 하지 마시오.

김딴지 변호사　아니, 말이 되는 말을 해야지. 그렇지 않소? 이 지구 상의 어느 나라 왕이 스스로 왕권을 다른 나라에게 넘겨준답디까? 강제로 빼앗아 간 것을 그렇게 말하면 안 되지요. 천벌 받아요, 천벌을! 피고는 좀 전의 말을 당장 취소하시오! 판사님, 피고에게 더는 발언 기회를 주어서는 안 됩니다. 우리가 이 법정에 있는 것은 옳고 그름을 밝히려는 것이지 피고의 넋두리를 듣자는 것이 아니잖습니까? 신성한 법정을 더 이상 더럽히지 못하도록 피고의 발언을 중단시켜 주십시오.

판사　양측 변호인 모두들 진정하시고, 재판을 냉정하게 이어 나갑시다.

2 이토 히로부미의
흉계는 무엇일까?

　　이토 히로부미의 말을 들은 방청객들이 웅성거리기 시작했다. 방금 판사의 경고를 들은 터라 크게 소란을 피우는 사람은 없었지만, 그중에는 피고의 말을 믿지 못하겠다는 듯이 비웃으며 손가락질하는 사람도 있었다. 이때 김딴지 변호사가 배심원과 방청객을 향해 단호한 어조로 말했다.

김딴지 변호사　　판사님! 사람의 속과 겉은 아무도 모르는 법입니다. 겉으로는 남을 위하는 척하면서 속으로는 자기 이익을 챙기는 사람이 얼마나 많습니까? 조선의 국권을 빼앗아 간 자들에게서 무슨 진실 된 마음을 기대하겠으며, 그들에게 무엇을 바랄 수 있겠습니까? 피고는 겉으로는 원고와 한국인들을 위하는 척하면서 뒤로는 한국

을 식민지로 만들기 위해 악랄한 정책을 폈던 장본인입니다. 그는 뻔뻔스럽게도 모든 것이 대한 제국의 황제와 백성들을 위한 일이라고 선전했고, 창경궁에 동물원과 식물원을 세운 것도 모두 한국인을 위한 일이라고 말하고 있습니다. 판사님! 동물원과 식물원을 건립한 계획 뒤에 숨은 진실은 반드시 밝혀져야 합니다.

판사 　 그 진실이라는 게 무엇입니까?

김딴지 변호사 　 당시 대한 제국은 외교권은 말할 것도 없고 일체의 내정에 일본의 간섭을 받고 있었습니다. 그러나 대한 제국 황실의 신

사직단

땅을 관장하는 토신인 사(社)와
곡식의 신인 직(稷)에게 제사 지
내던 제단으로, 왕이 백성을 위
하여 제사를 지내던 곳을 말합
니다.

성한 통치 권력을 상징하는 궁궐, 왕릉, 종묘, 사직단 같은
국가적 상징물들은 그냥 남아 있었지요. 피고는 대한 제국
의 통치권을 자기들 손아귀에 확실하게 틀어잡기 위해서
는 이런 것들을 그대로 남겨 두어선 안 되겠다고 생각했습
니다. 그래서 그는 조선 왕권의 상징인 이들 유적을 없애기
로 마음먹고 수단과 방법을 가리지 않고 파괴하기 시작했습니다.

판사 좀 더 자세히 설명해 보세요.

김딴지 변호사 한일병합 후 이들은 경복궁의 많은 전각들을 헐어
내고 그 자리에 총독부 건물을 지었고, 조선 왕조의 상징인 광화문
까지 엉뚱한 자리로 옮겨 버렸습니다. 농사를 천하의 큰 근본으로
삼았던 조선 왕조가 땅의 신과 곡식의 신에게 제사를 지내던 사직단
을 사직 공원으로 만든 것도 그들이었지요. 이런 일들은 피고가 죽
은 후에 이루어졌지만, 조선 왕조의 정통성을 파괴하고 그 흔적을
없애려는 시도는 바로 피고 이토 히로부미 때부터 끈질기게 이어져
왔던 것입니다. 겉으로는 삶에 찌든 백성들에게 여가를 즐길 수 있
는 장소를 마련해 준다고 했으나, 그럴듯한 명분 뒤에는 이런 흉계
가 숨어 있었던 것이지요. 창경궁에 동물원과 식물원을 짓고 궁궐을
놀이동산으로 만든 것은 조선의 궁궐을 파괴하여 조선 왕조의 상징
물을 없애려는 목적에서였습니다.

나카무라 변호사 판사님! 이의 있습니다. 원고 측 변호인은 지금 피
고의 선정을 일방적으로 매도하고 있습니다. 원고 측 변호인에게 질
문 하나 해도 되겠습니까?

방청객들의 시선이 일시에 나카무라 변호사에게 쏠렸다. 어떤 질문이 나올까 흥미진진한 표정이었다. 배심원들도 나카무라 변호사가 무슨 말을 할 것인지 주목하였다. 법정은 흥미와 호기심으로 술렁였으나 판사는 전혀 아랑곳하지 않고 나카무라 변호사를 향해 말했다.

판사　지금 꼭 해야 하는 질문인가요?

나카무라 변호사　네, 그렇습니다.

판사　허락합니다. 간단히 질문하세요.

나카무라 변호사　감사합니다. 원고 측 변호인은 피고가 신성한 조선의 상징물들을 없앴다고 했는데, 절대로 그렇지 않습니다. 사직단의 경우 관리가 소홀하여 원래의 기능을 할 수 없는 지경에 이르렀기 때문에 단을 보수하고 주변을 정리하여 새롭게 단장한 것입니다. 그리고 기껏해야 1년에 한두 번 사용하는 곳이라서 일반 백성들이 아무 때나 이곳에 와서 쉬고 운동을 즐길 수 있도록 개방한 것이지요. 이것을 두고 어찌 조선 왕조의 정통성을 말살하려 한 일이라고 매도할 수 있겠습니까?

한일병합 후에도 일본은 조선 왕실의 상징인 오얏 꽃 문양을 창덕궁 인정전, 인정문, 희정당, 덕수궁 석조전 등에 장식하고 왕실 생활용품에 새길 수 있게 했습니다. 만약 조선 왕실의 상징물들을 없애려는 정책을 폈다면, 오얏 꽃 문양을 계속 사용하게 한 것은 어떻게 설명하시겠습니까? 이것은 조선 총독부가 조선 왕실의 전통을 인정해 준 증거가 아니고 무엇이겠습니까?

판사 원고 측의 변론을 듣기 전에 배심원들과 방청객들이 이해할 수 있게 오얏 꽃 문양에 대해 상세히 설명해 주시지요.

나카무라 변호사 알겠습니다. 오얏 꽃 문양은 다섯 개의 꽃잎과 열다섯 개의 꽃술로 이루어져 있으며, 대한 제국을 대표하는 상징 문양으로 사용되어 왔습니다. 오얏 꽃 문양이 대한 제국의 상징 문양으로 선택된 것은, 조선이 '오얏 이(李)' 성을 가진 왕이 다스리는 나라라는 것과 관련이 있습니다. 이런 오얏 꽃 문양을 한일병합 후에도 조선 왕실에서 사용할 수 있게 해 준 것은 총독부가 조선 왕실을 인정했다는 증거가 아니고 무엇이겠습니까?

판사 원고 측 변호인은 피고 측 변호인의 주장에 대해 할 말이 있으면 하세요.

김딴지 변호사 오얏 꽃 문양을 한일병합 후에도 계속 사용할 수 있었던 것은 사실입니다. 그러나 조선 총독부가 오얏 꽃 문양을 사용하는 것을 막지 않았던 것은 조선과 일본이 한 몸이라고 하는 소위 **내선일체**의 겉모습을 갖추려는 흉계에 지나지 않는다는 것을 알아야 합니다.

판사 그것을 흉계로 보는 이유를 말해 주시죠.

김딴지 변호사 방금 말한 대로 대한 제국 황실에서는 오얏 꽃 문양을 한일병합 이전부터 대한 제국과 황실을 대표하는 상징 문양으로 사용해 왔고, 한일병합 후에도 계속 사용할 수 있었습니다. 하지만

일제가 이 문양을 계속 사용할 수 있게 해 준 것이 조선 왕실을 인정
한 증거라고 강변하는 것은 억지일 뿐입니다. 만약 일본이 조선 왕
실을 인정했다면, 태극기도 사용하고 무궁화 문양도 쓰도록 해 주었
어야 합니다. 그런데 일제는 이들을 사용하는 것은 물론이고 보관
하는 것까지도 범죄로 엄히 다스렸습니다. 이것은 무엇을 말해 주
는 것일까요? 오얏 꽃 문양을 사용하도록 허용한 것은 오얏 꽃이 조
선에서 원래 가지고 있던 상징적 의미를 인정했기 때문이 아닙니다.
일제가 오얏 꽃 문양의 사용을 허락한 것 역시 배후에 다른 흉계가

문장
일반적으로 개인 또는 가족, 혹은 특정 집단을 상징적으로 보여주는 기호적 표지를 말합니다. 여러 측면에서 지위나 권력, 역할을 직접 혹은 상징적으로 보여주는 기능을 갖지요.

숨어 있었던 것입니다.

판사   그 흉계라는 것이 무엇입니까?

김딴지 변호사   한일병합 후 일제는 패망한 조선에 대한 향수를 불러일으키는 것이나 독립과 관련된 말이나 행동을 하는 사람들을 엄히 다스렸습니다. 그러한 삼엄한 분위기 속에서 일제는 유독 대한 제국 황실의 상징인 오얏 꽃 문양만 사용하는 걸 허락한 것입니다. 한 술 더 떠서, 창덕궁 인정전, 인정문 용마루, 그리고 희정당 등에서 볼 수 있는 것처럼 그들 스스로가 궁궐 여러 곳에 오얏 꽃 문양을 새기기도 했습니다. 일제가 그렇게까지 한 이유가 궁금하지 않습니까? 과연 대한 제국 황실의 권위를 인정해서일까요?

방청객들은 호기심이 가득 찬 눈으로 김딴지 변호사의 이야기 속에 빠져들어 있었다. 김딴지 변호사가 말을 이었다.

김딴지 변호사   대답은 간단합니다. 일본 사람들은 더 이상 오얏 꽃 문양을 대한 제국의 한 상징으로 여기지 않았던 것입니다. 그들은 오얏 꽃 문양을 태극기와 같은 독립 국가의 상징이 아니라 '이왕가(李王家)'라고 하는 한 가문의 상징 문양으로 낮춰 본 것이지요. 국가라는 튼튼한 울타리를 무너뜨린 일제는 오얏 꽃 문양을 일본의 천황 가문의 휘장이나 묘비에 새긴 접시꽃 문장(紋章)이 의미하는 정도로 낮추어 취급한 것이지요.

판사   흐흠…….

김딴지 변호사   조선이 조상과 자손 간의 혈연관계와 왕가의 계보를 중요하게 여겨 족보 문화를 발달시킨 것과 달리, 일본은 소속된 집단의 정체성과 동질성을 강조하는 전통이 있습니다. 이것이 일본의 웬만한 집안이면 나름의 독자적인 문장을 가지고 있을 정도로 가문(家紋) 문화가 발달한 이유이지요.

일제 강점기에 오얏 꽃 문양 사용을 장려한 것은 피고 측 변호인이 주장하는 것처럼 대한 제국 황실의 정통성과 권위를 인정해서가 아니라, 일본과 조선이 하나라고 우기는 내선일체의 겉모습을 갖추기 위한 또 하나의 잔꾀에 불과했던 것입니다. 결국 오얏 꽃 문양의 사용을 허락한 것은, 대한 제국 황실이 일본 천황가에 소속된 일개 가문이라는 것을 눈으로 확인할 수 있게 하려는 음모였던 것입니다.

판사   일본 측이 그런 의도를 품고 있었던 거군요.

김딴지 변호사   판사님, 그리고 배심원 여러분! 일제가 시행했던 정책의 배후에는 항상 이처럼 조선 왕조의 정통성과 민족정기를 말살하려는 의도가 깔려 있었습니다. 동물원과 식물원을 세운 것도 결코 예외가 아닙니다. 궁궐을 놀이터로 만드는 것도 문제가 되는 일인데, 수백 년 역사와 전통을 간직한 전각들을 헐어 낸다고 하면 세계 어느 나라 왕이 선뜻 허락하겠습니까? 피고는 원고의 허락을 받았다고 말하지만 그것은 당치도 않은 거짓말입니다. 궁궐 안에 동물원과 식물원을 세워 놀이동산을 만드는 것은 위로는커녕 오히려 원고의 가슴에 못을 박는 일이었습니다. 이 점을 판사님께서는 깊이 헤아려 주시기 바랍니다.

판사 　원고 측 변호인의 변론을 잘 들었습니다. 이어서 피고에게
발언권을 준 것과 마찬가지로 원고에게도 발언할 기회를 드리겠습
니다. 지금 말씀하시겠습니까?

　판사의 말이 떨어짐과 동시에 방청객들의 시선이 순종 황제에게
로 몰렸다. 지금까지 조용히 재판 과정을 지켜보고 있던 순종 황제
는 천천히 일어나 판사와 배심원들을 향해 가볍게 인사를 건넸다.
잠시 땅을 내려다보던 순종 황제는 이내 고개를 들어 판사를 바라
보며 말문을 열었다. 방청객들의 호기심 어린 시선이 순종 황제에게
집중되었다.

순종 　말할 기회를 주어서 감사하오. 대한 제국 황제를 지낸 내가
한국사법정에 나올 수밖에 없었던 사정을 이해해 주리라 믿고 있습
니다.

　일제 강점기의 기록에는 창경궁 내 동물원과 식물원 건립이 마치
나의 명령에 따라 이루어진 것처럼 되어 있어요. 또 어떤 문서에는
나의 은혜를 백성들에게 알리기 위해 박물관, 식물원, 동
물원을 세울 것을 ▶이완용이 진언하니 내가 크게 만족하
여 허락했다고 기록돼 있지요. 총독부는 여기서 한 발 더
나아가 박물관, 식물원, 동물원을 준공한 후 내가 그것을
추진한 걸로 꾸미기 위해 담화문까지 발표했습니다. 담화

문의 내용을 보니 "살풍경하던 경성에 이처럼 문화적 정취를 느낄 수 있는 곳을 만들어 준 창덕궁 이왕의 은혜에 대해 모든 시민들은 진심으로 감사해야 한다"라고 되어 있었어요. 하지만 이 일의 진실은, 피고가 옳지 않고 불법적인 일을 정당화하기 위해 나를 끌어들였다는 것입니다.

김딴지 변호사   사실과 다른 내용이 기록되어 전하고 있고, 후세 사람들이 그것을 곧이곧대로 믿을까 두렵다는 말씀이군요.

순종   그렇소이다.

김딴지 변호사   그렇다면 왜 그때 적극적으로 거부하거나 잘못된 사실을 바로잡지 않았습니까?

순종   당시 나의 부왕인 고종께서 일제의 강권에 못 이겨 황제 자리에서 물러난 후, 나는 **황위**에 올라 창덕궁으로 옮겨 와 살고 있었어요. 세상 돌아가는 일이 너무나 괴롭고 분통이 터져 마음 둘 곳을 잃었지요. 그래서 궁중의 일에 관심을 가질 겨를이 없었소이다. 나는 그런 놀이에 대해 아무런 흥미나 관심이 없었고, 오직 황제로서 국민들을 위해 해야 할 일이 무엇인가를 찾는 데 골몰해 있었어요. 하지만 마땅히 의논할 사람도 없고 문제 해결을 위해 도움을 주는 사람도 없어서, 마치 솜사탕을 입에 문 것처럼 매사가 없었던 일이 돼 버리기 일쑤였소이다. 그런 와중에 내 뜻과는 상관없이 저 이토 히로부미가 자기 마음대로 동물원을 지어 놓고 내가 명령한 것처럼 둘러댄 것이라오.

김딴지 변호사   이토 히로부미가 원고를 무시하고 중요한 일을 자

황위
황제의 지위를 가리키는 말입니다.

기들 마음대로 처리한 일이 또 있었습니까? 기억나는 대로 말씀해 주시겠습니까?

순종   있고말고요. 그 일만 생각하면 지금도 화가 치밀 어 오르오. ▶일제는 대한 제국의 마지막 버팀목이라 할 수 있는 군대를 해산시켰어요. 당시 일제는 내가 군대 해산을 명한 것으로 발표했지요. 그러나 진실은 밝혀진다고, 그 조칙이 내가 내린 것이 아니라 통감인 이토 히로부미와 대 한 제국 내각 총리대신이었던 이완용이 거짓으로 꾸민 것

교과서에는

▶ 일제는 한국인 대신 밑에 일본인 차관을 임명하는 정 치를 실시하였습니다. 또한 군대를 해산해 군대 없는 나 라로 만들어 버렸습니다.

임이 나중에 밝혀지게 된 겁니다. 대한 제국 황실이 자진해서 군대를 해산한 것처럼 꾸며 군인들의 반발을 무마하려는 속셈이었던 것이지요. 동물원, 식물원을 자기들 마음대로 창경궁 안에 지어 놓고 그 책임을 나에게 돌린 것도 마찬가지예요. 500년 조선의 역사를 이어 가지 못한 죄인이 지금 와서 무슨 말을 할 수 있겠소만, 사실이 사실대로 밝혀지는 것을 보는 것이 나의 마지막 소원입니다.

순종 황제는 스스로를 자책하면서, 일제하에서 겪은 아픈 기억들을 회상하며 담담하게 말했다. 장내는 숙연하여 숨소리 하나 들리지 않았다.

잠깐의 침묵을 깨고 판사가 조용히 입을 열었다.

판사　원고의 진술을 잘 들었습니다. 오늘 재판은 여기서 마치겠습니다. 세 번째 재판에서 다시 내용을 이어 가겠습니다.

땅, 땅, 땅!

고종, 순종과
조선 통감 이토 히로부미

1906년 3월 1일, 러일 전쟁의 숨은 공로자였던 이토 히로부미가 초대 조선 통감으로 부임합니다. 이토 히로부미는 조선 통감으로 부임하면서 조선을 집어삼키기 위한 일들을 하나하나 진행해 갔지요. 통감부는 1906년 2월부터 1910년 8월까지 일제가 한국 합병의 준비 작업을 위해 한성에 설치한 기관입니다. 일제는 통감부를 통해 한국의 외교권은 물론, 통감이 임명한 대한 제국 정부의 각 부 차관이 실권을 장악하게 하는 차관 정치를 시행하여 통치권을 차지하였습니다.

1907년 6월 이토 히로부미는 헤이그 밀사 사건을 계기로 고종을 강제로 황위에서 물러나게 하고 순종을 즉위시켰습니다. 헤이그 밀사 사건이란 이준, 이상설, 이위종 등이 고종의 밀서를 가지고 헤이그의 만국 평화 회의에 출석하여 을사조약 체결이 한국 황제의 뜻과 달리 일제의 강압으로 이루어진 것임을 폭로하고 이를 무효로 만들려고 했던 사건을 말합니다.

이토 히로부미가 고종을 퇴위시키자 이에 흥분한 군중은 친일 단체인 일진회의 기관지를 내는 '국민신문사'와 경찰서 등을 파괴하고, 친일 괴수 이완용의 집에 불을 지르는 등 격렬한 항일 시위를 벌였습니다. 그러나 일제는 이에 아랑곳없이 7월 27일에는 언론 탄압을 위한 '신문지법'을, 29일에는 집회와 결사를 금지하는 '보안법'을, 31일에는 한국 군대 해산 명령을 각각 공포했어요. 전국 각지에서 일제에 항쟁하는 의병 운동이 일어나는 가운데 일제는 한국 병탄의 마지막 작업을 서두르게 되었습니다.

고종의 뒤를 이어 왕위에 오른 순종은 사는 곳을 덕수궁에서 창덕궁으로 옮겼습니다. 순종이 재위했던 4년 동안 대한 제국은 일본의 무력 강점 공작으로 국권을 점차적으로 잃어 갔습니다. 순종 주변에는 친일 매국 대신과 친일 내통 분자만 들끓고 있었기 때문에 순종은 왕권을 제대로 행사하지 못했습니다. 그러다가 1910년 8월 29일, 조선 왕조는 500년 역사를 마감하고 역사 속으로 사라졌습니다. 순종은 끝까지 한일병합 문서에 옥새를 찍지 않고 나라를 지키려고 애썼습니다.

다알지 기자

안녕하십니까? 발 빠른 소식을 전하기 위해 뛰고 있는 다알지 기자입니다. 창경궁 관련 재판이 점점 흥미진진해지고 있습니다. 오늘 법정에서는 사건의 핵심이라고 할 수 있는 창경궁 공원화 계획에 순종 황제가 직접 관여했는지에 대해 깊이 있게 따져 보는 시간을 가졌습니다. 대한 제국의 마지막 황제였던 순종이 직접 입을 열었는데요, 오늘 재판에서 순종 황제는 창경궁 내 동물원과 식물원이 자신의 명령에 따라 만들어진 것처럼 되어 있지만 이것은 전혀 사실이 아니라고 밝혔습니다. 이 증언은 재판에 큰 영향을 줄 것으로 보입니다. 이제 원고 측 변호사와 피고 측 변호사를 직접 만나 앞으로 재판의 흐름을 어떻게 보는지 알아보도록 하겠습니다.

김딴지 변호사

　안녕하십니까? 원고 측 변호사 김딴지입
니다. 20여 년간 진실만을 밝히기 위해 변호사
생활을 해 온 사람이지요. 제 의뢰인인 순종 황제의
말씀을 들어 보니 정말 억울했겠다는 생각이 듭니다. 피고 측은 민족
의 정기를 누르고 유린하기 위해 창경궁을 훼손해 놓고는 그것이 대한
제국을 위한 것이었다고 포장하고 있습니다. 그리고 당시 대한 제국의
황제였던 순종이 창경궁을 공원으로 꾸미는 일을 적극적으로 도왔다
고 하여 순종 황제의 명예를 더럽혔지요. 이는 천부당만부당한 얘기입
니다. 진실은 반드시 밝혀질 것이고, 피고는 원고에게 반드시 사죄해
야 할 것입니다.

나카무라 변호사

안녕하세요? 피고 측 변호사인 나카무라입니다. 그런데 듣자 듣자 하니 김만지 변호사의 말씀이 너무 과격한 것 같네요. 전각 몇 채 허문 것을 가지고 훼손이네 뭐네 하는 것은 너무 과장된 것 아닙니까? 그리고 우울한 나날을 보내고 있는 원고를 위로하기 위해 창경궁을 공원으로 꾸민 게 그렇게 잘못된 것입니까? 좋은 뜻을 가지고 한 일을 자꾸 잘못했다고 피고를 몰아세우는 것은 지나친 처사인 것 같네요. 역사적으로 살펴봐도 궁궐이 공원처럼 꾸며진 일은 있었습니다. 중국의 진시황제가 살았던 궁궐에도 정원에 여러 화초와 동물들이 살고 있었다고 하지 않습니까? 다 좋은 게 좋은 거지 뭘 그렇게 자꾸 따지는지 알다가도 모르겠습니다.

왜 창경궁에 동물원이 생겼을까?

조선 시대 석탑에는
어떤 것이 있을까요?

창경궁 팔각칠층석탑

보물 제1119호로 지정되어 있는 팔각칠층석탑은 창경궁의 춘당지라는 연못 옆에 세워져 있습니다. 1470년 조선 시대 성종 때 만들어진 것을 일제 강점기 때 창경궁 안에 '이왕가 박물관'을 만들면서 이곳에 세운 것으로 알려져 있습니다. 8각 평면 위에 일곱 개의 탑신이세워져 있습니다.

원각사지 십층석탑

서울 종로구 탑골 공원에 있는 원각사지 십층석탑은 우리나라 국보 제2호입니다. 이 석탑이 원래 있던 절인 원각사가 세조 때에 만들어 진 것으로 미루어 이 석탑도 그 시기에 만들어진 것으로 추정됩니다. 조선 초기의 대리석 석탑으로 3층으로 된 기단 위에 10층의 탑신을 갖고 있습니다. 표면의 훼손이 심해 지금은 유리로 덮개를 씌워 보호하고 있지요.

신륵사 다층석탑

경기도 여주의 신륵사는 신라 시대에 창건되었다고 전해집니다. 이
곳에는 여러 문화재가 있는데 그중 조선 전기의 석탑으로 보물 225
호인 '신륵사 다층석탑'이 있습니다. 높이는 3m 정도이고, 기단에서
몸돌에 이르기까지 각각 하나의 돌로 조립된 것이 특징입니다. 우리
나라에 있는 대부분의 석탑이 화강암으로 만들어진 것과 달리 흰색
대리석으로 만들어졌습니다.

낙산사 칠층석탑

강원도 양양의 낙산사는 671년에 창건된 이후 여러 차례 중건과 화
재 뒤 복원을 반복한 사찰입니다. 이 절에는 보물 제499호인 낙산사
칠층석탑이 있습니다. 조선시대의 석탑으로 화강암으로 만들어졌지
요. 불탑 꼭대기에 있는 쇠붙이로 된 원기둥 모양의 장식을 '상륜'이
라고 하는데, 낙산사 칠층석탑은 이 상륜이 금동으로 만들어져 있어
매우 독특합니다.

궁궐로서 권위를 잃은 창경궁

1. 창경원이라 불린 창경궁
2. 창경원을 개방한 것은 옳지 못한 일일까?
3. 창경궁을 복원해야 하는 이유가 무엇인가?

교과연계

고등학교 한국사
Ⅴ. 근대 국가 수립 운동과 일본 제국주의의 침략
 3. 근대 국가를 수립하기 위해 노력하다
  3-3 대한 제국, 황제권을 강화하여 국권을
   공고히 하겠다

창경원이라 불린
창경궁

마지막 재판에 대한 호기심과 소문을 듣고 몰려온 사람들 때문에 한국사법정 안팎이 인파로 물결을 이루고 있었다. 법원이 어느 편의 손을 들어 줄지 궁금해하는 사람들이 많았기 때문이다. 장내가 정리되고 재판 분위기가 무르익었다. 오늘 재판의 주제는 창경궁이 왜 창경원으로 불리게 되었고, 창경궁을 구경하려면 어떻게 해야 했으며, 국민들이 창경원의 동물원과 식물원, 박물관을 구경하고 벚꽃 놀이를 즐긴 것이 과연 잘못된 일이었는가를 따져 보고, 또한 창경궁을 원래 모습대로 만들어야 한다면 그 이유가 무엇인가에 대해 원고와 피고 측의 공방이 이어질 예정이었다.

서기   지금부터 역사공화국 한국사법정 사건 번호 51호, 원고 순종 황제에 대한 피고 이토 히로부미의 명예 훼손 및 궁궐 파괴 사건의 마지막 날 재판을 개정합니다. 판사님이 들어오십니다. 모두 자리에서 일어나 주십시오.

판사　벌써 세 번째 재판 날이네요. 원고 순종 황제와 피고 이토 히로부미의 양측 변호사 모두 사실을 바탕으로 마지막 재판을 진행해 주기를 기대하겠습니다. 오늘은 창경궁이 창경원으로 바뀌게 된 과정과 일반인들이 창경원을 구경하려면 어떻게 해야 했는지에 대해 변론해 주시지요. 먼저 창경원으로 바뀌게 된 과정에 대해 원고 측 변호인부터 변론해 주세요.

김딴지 변호사　동물원과 식물원을 창경궁에 설치하고 개원식을 거행한 후 일반인들의 관람을 허락한 것이 1909년 11월 1일입니다. 이어서 박물관이 완공되자 일제는 동물원과 식물원, 박물관을 갖춘 창경궁을 '창경원'이라는 이름으로 바꾸었습니다. 이날이 순종 4년 1911년 4월 26일입니다. 그런데 이보다 보름 앞선 4월 11일에는 창경궁이 창덕궁의 동쪽에 있다는 뜻으로 '동원(東苑)'이라는 이름을 쓰기로 했습니다. 그런데 얼마 안 있어 동물원과 식물원이 창경궁 안에 있다는 것을 널리 알릴 필요가 있다는 주장이 나와 다시 창경원으로 이름을 바꾸었던 것이지요. 만약 '동원'이라는 이름으로 계속 불렸다면 '창경'이라는 말은 영원히 사라질 뻔했습니다.

판사　'창경궁'과 '창경원'의 차이는 무엇인가요?

김딴지 변호사　창경원은 창경궁과 비슷한 말처럼 보이지만 의미상 큰 차이가 있습니다. 궁궐은 왕과 왕족이 사는 곳입니다. 왕은 곧 나라라고 생각했던 국민들에게는 궁궐 그 자체가 왕실 권위의 상징이었습니다. 궁궐을 웅장하고 화려하게 짓는 것도 왕의 권위와 위엄를 과시하기 위해서였습니다. 궁과 달리 원이라는 것은 동물원, 식물원과 같이 꽃과 나무를 심어 놓거나 새, 동물을 놓아기르는 동산을 뜻합니다. 창경원이라고 하면 바로 그런 곳이라는 뜻이 되지요. 일제가 창경궁을 굳이 창경원으로 이름을 바꾼 것은, 그렇게 하여 조선 왕조의 정통성을 말살하기 위해서였습니다.

나카무라 변호사　판사님! 원고 측은 피고가 창경원을 설립한 좋은 뜻을 나쁜 쪽으로만 몰아가고 있습니다. 피고는 창경궁에 동물원, 식물원, 박물관을 설립한 후에도 궁궐의 권위와 존엄을 해치지 않기 위해 여러 방면으로 신경을 썼습니다. 그런데 어찌 조선 왕조의 권위를 훼손시키기 위해 이를 만들었다고 말할 수 있습니까? 피고가 궁궐과 조선 왕조의 권위를 훼손시키지 않기 위해 노력한 점은 높이 평가되어야 마땅하다고 생각합니다.

판사　그렇게 말할 수 있는 증거가 있습니까?

나카무라 변호사　네, 판사님. 그 내용을 상세히 알아보기 위해 증인을 신청합니다.

판사　증인은 누구입니까?

나카무라 변호사　재판 첫째 날 원고 측 증인으로 잠깐 증언했던 동물원과 식물원, 박물관 책임자인 고미야 미호마츠입니다.

판사　채택합니다. 먼저 증인 고미야 미호마츠는 선서하십시오.

고미야 미호마츠　저는 사실대로 말하고 거짓을 말하면 벌을 받도록 하겠습니다.

판사 피고 측 변호인, 신문하세요.

나카무라 변호사 피고가 궁궐의 권위와 위엄을 지키기 위해 많은 노력을 했다고 알려져 있는데 그것이 사실입니까?

고미야 미호마츠 네, 그렇습니다.

나카무라 변호사 궁궐의 권위를 손상시키지 않기 위해 구체적으로 어떤 노력을 기울였습니까?

고미야 미호마츠 먼저 무질서한 관람이 되지 않게 하고자 일반인들이 창경원을 구경할 때 조심하고 지켜야 할 내용을 담은 「어원종람규정」을 만들었습니다.

나카무라 변호사 구체적으로 어떤 내용입니까?

고미야 미호마츠 국빈과 어원 사무국 직원, 어원 순경, 소방과 전기를 담당하는 자들은 출입에 제한이 없고, 궁내부와 타 기관의 직원으로 공무상 필요가 있는 사람에게는 표가 따로 지급되었습니다. 일반 관람객에게는 홍화문에서 표를 판매했는데 정가는 1매당 10전이었고, 5세 이상 10세 미만인 어린이는 반액인 5전이었으며, 5세 이하는 무료였지요. 술에 취한 사람과 부모와 함께 오지 않은 7세가 안 된 어린이는 입장을 금했습니다. 소란을 피울 염려가 있었기 때문입니다. 또 남루하고 더러운 옷을 입은 사람의 출입도 금했습니다. 궁궐의 격을 떨어뜨릴 우려가 있었기 때문입니다.

나카무라 변호사 그것뿐입니까?

고미야 미호마츠 또 있습니다. 창경원 내에서는 큰 소리를 지르거

홍화문

창경궁의 정문으로, 성종 15년인 1484년에 처음 지어졌고, 임진왜란으로 불탄 뒤 광해군 8년인 1616년에 재건되었습니다.

나 떠들지 못하도록 했습니다. 또한 담배를 피우거나 음식을 먹을 때는 반드시 정해진 휴게소를 이용하도록 했으며, 개를 데리고 오는 것, 마차나 가마를 타는 것을 금지했습니다.

나카무라 변호사　이러한 규칙을 정한 이유가 무엇입니까?

고미야 미호마츠　궁궐의 분위기를 조용하고 엄숙하게 유지하여 어원의 권위에 해를 끼치지 않게 하기 위해서였습니다.

나카무라 변호사　실제로 창경원의 분위기는 어땠습니까?

고미야 미호마츠　매우 조용하고 경건했습니다.

　왜 창경궁에 동물원이 생겼을까?

나카무라 변호사　일반인들은 누구나 언제든지 관람할 수 있었습니까?

고미야 미호마츠　그렇지 않습니다. 아무 때나 들어갈 수 있는 게 아니었어요. 너무 자유로우면 질서가 문란해지고 시끄러워질 우려가 있기 때문에 문 여는 날을 따로 정해 두었습니다.

나카무라 변호사　그렇다면 창경원을 여는 날은 언제였습니까?

고미야 미호마츠　개원 초기에는 일주일 중 월요일과 목요일 이틀은 당시 이 왕의 관람과 휴식을 위하여 폐원하도록 정했지요. 하지만 나중에는 월요일에는 평소와 같이 개원하였고, 이 왕이 승하한 뒤 1928년 7월부터는 연말연시 6일을 제외하고 연중무휴로 운영되었습니다.

나카무라 변호사　입장 시간도 따로 정해 두었습니까?

고미야 미호마츠　네, 입장 시간은 오전 8시부터 오후 5시까지였습니다.

나카무라 변호사　항상 그랬습니까?

고미야 미호마츠　항상 그렇지는 않았습니다. 월요일이나 목요일이라도 조선이나 일본의 국경일에 해당할 경우 개방하였고 그다음 날 쉬도록 했습니다. 또한 그때그때 사정에 따라 창경원 전부나 일부만 관람하도록 제한했습니다. 그리고 입장권은 창경원을 나올 때 반드시 반납하도록 했습니다.

나카무라 변호사　왜 입장권을 반납하도록 했습니까?

이 왕
한일병합 후 일제는 순종을 창덕궁에 머물게 하고, 이 왕(李王)이라고 불렀습니다.

승하
왕이나 존귀한 사람이 세상을 떠남을 높여 이르던 말이지요.

고미야 미호마츠   나가지 않고 창경원에 숨어 있다가 궁궐에 해를 끼칠 우려가 있기 때문이었습니다.

나카무라 변호사   만약 동물원을 구경하는 사람이 정해진 규칙을 지키지 않으면 어떻게 합니까?

고미야 미호마츠   그 즉시 창경원 밖으로 쫓아냈습니다.

나카무라 변호사   창경원 관람 제도를 엄격하게 한 것은 창경원의 권위를 유지하기 위한 것으로 생각되는데, 그 목적이 이루어졌다고 생각합니까?

고미야 미호마츠   네.

나카무라 변호사   끝으로 창경원을 개방한 데 대한 증인의 생각을 간단히 말해 주세요.

고미야 미호마츠   창경원은 황위에 오른 후 창덕궁에서 우울한 나날을 보내고 있던 순종 황제를 위로하기 위한 시설이라는 데 큰 의미가 있고, 또한 창경원을 개방함으로써 조선 국민들이 여가를 즐기고 정서를 가꾸는 데 큰 도움을 주었다고 생각합니다. 그리고 일부 사람들이 우려한 것처럼 소란하거나 난잡하지 않아 궁궐의 품위와 권위를 유지하는 데 별 문제가 없었다고 생각합니다.

나카무라 변호사   증인, 감사합니다. 판사님! 증인의 말대로 창경궁 안에 동물원과 식물원을 만든 것은 궁궐 파괴에 목적이 있었던 게 아니었습니다. 그리고 궁궐을 개방한 데에는 국민과 함께하는 황제의 모습을 보여 주려는 뜻도 있었습니다. 또한 여가를 즐길 만한 곳이 없었던 시기에 희귀한 동물이나 식물들이 가득한 창경원이 조선 국민들의 여가 생활에 큰 즐거움을 준 것도 부정할 수 없는 사실입니다. 이 점을 충분히 살펴야 할 것입니다.

이상으로 증인에 대한 신문을 마치겠습니다.

판사 피고 측 변호인의 증인 신문 내용은 잘 들었습니다. 이에 대해 원고 측 변호인은 반대 신문을 하겠습니까?

김딴지 변호사 물론입니다. 피고 측 변호인은 창경원 설치가 오직 원고를 위한 일이고, 국민들에게 개방할 때는 관람 규정을 만드는 등 궁궐의 권위를 유지하기 위해 많은 노력을 기울였다고 주장하고 있습니다. 그렇다면 질문을 하나 하겠습니다. 궁궐의 권위와 신성함을 지키는 데 있어 궁궐 문을 연 후에 관람자들의 행동을 규제하는 것과 애초부터 궁궐 문을 열지 않는 것 중 어느 것이 더 좋다고 생각합니까?

나카무라 변호사 꼭 대답을 해야 합니까?

김딴지 변호사 대답해 주세요.

나카무라 변호사 그야 처음부터 열지 않는 것이 확실한 방법이지요.

김딴지 변호사 나카무라 변호사도 인정하는군요.

2

창경원을 개방한 것은
옳지 않은 일일까?

나카무라 변호사   그러나 이 사안에서 그것은 중요한 일이 아닙니다. 궁궐에 약간의 훼손이 있다고 하더라도 동물원과 식물원을 만들고 일반인들에게 개방하여 더 큰 가치를 만들어 낼 수 있었으니 궁궐 일부를 공개한 것이 비난받을 일은 아니라고 생각합니다. 궁궐 개방이 지금까지 여가 생활을 즐길 수 없었던 국민들에게 볼거리, 즐길 거리를 제공하여 삶의 질을 높여 준 것이 사실입니다. 궁궐은 그 자체가 일반 국민의 호기심의 대상이고, 누구나 한 번쯤 보고 싶어 하는 곳입니다. 궁궐을 개방함으로써 그들의 호기심을 충족시켜 주고 궁궐 문화에 대한 이해를 높여 주는 것이 어떻게 나쁜 일이겠습니까?

김딴지 변호사   그렇다면 조선의 모든 궁궐과 궁궐 안의 모든 곳을 일반인들에게 개방하는 것이 좋다고 생각합니까?

나카무라 변호사　반드시 그런 것은 아닙니다. 왕족의 사생활도 보호돼야 하기 때문입니다.

김딴지 변호사　그렇다면 원고가 살고 있던 창덕궁을 창경원과 함께 개방한 것은 무슨 이유에서입니까? 창덕궁에는 동물원도 없고 식물원도 없는데 왜 일반인들이 궁궐 안을 구경할 수 있게 했습니까? 일반인들이 드나들면 원고의 사생활과 구중궁궐의 정숙함이 깨어질 것은 뻔한 일이 아닙니까? 그렇게 되면 황제의 권위와 위엄에 흠이 간다는 것은 삼척동자도 알고 있는 사실입니다. 여러분도 한번 생각해 보십시오. 내가 살고 있는 집에 어느 날 알지도 못하는 사람들이 들어와 이곳저곳 구경하고 다닌다면 마음이 어떻겠습니까? 그것도 내가 마음대로 쫓아낼 수 없는 상황이라면 그 아픈 심정은 이루 말할 수가 없겠지요. 개방된 창경궁과 그 옆의 창덕궁에 살고 있던 원고의 마음도 이와 같았을 것입니다. 그런 분이 앞장서서 궁궐을 개방하겠다고 말했다면 과연 누가 믿을 수 있겠습니까? 이에 대해 피고 측은 모든 사람들이 이해할 수 있게 설명해야 할 것입니다.

나카무라 변호사　판사님, 궁궐을 개방하는 것은 황제의 허락 없이는 불가능한 일입니다. 그런 점에서 볼 때 원고가 스스로 결정했거나 올라온 주청을 허락했던 것이 분명하다고 보아야 합니다.

판사　피고 측 변호인은 그러한 주장에 대한 증거가 있나요?

구중궁궐
겹겹이 문으로 막은 깊은 궁궐이라는 뜻으로, 왕이 있는 궐 안을 이르는 말입니다.

방청석에서 웅성거리는 소리가 들렸다. "아무리 이토 히로부미가
통감 자리에 있다고 해서 과연 순종 황제를 제쳐 놓고 그런 중대한
일을 결정할 수 있었을까?"라는 말을 건네며, 방청객들은 매우 궁금
해했다.

나카무라 변호사　　앞서 말씀드린 대로 원고가 궁궐 문을 여는 것을
스스로 결정했거나 주청을 허락한 것이 분명하다는 증거가 있습니
다. 제가 손에 들고 있는 이 신문 기사가 바로 그 증거입니다.

　　왜 창경궁에 동물원이 생겼을까?

판사　　오호, 신문 기사라! 어디 한번 봅시다.

나카무라 변호사　　1926년 6월 25일 자 『시대일보』 기사입니다. 그 내용을 보면, "창덕궁 전하께서 경성부민을 위해 25일부터 이후 3일 동안 무료로 공개하라는 특별 분부를 내리시어 25일부터 27일 밤까지 주야를 가리지 않고 창경원을 무료로 개방할 것"이라고 보도하고 있습니다. 이 기사는 창경원 개방이 원고의 허락하에 이루어졌다고 볼 수 있는 확실한 증거입니다.

판사　　흠……. 이에 대해 원고 측 변호인 변론하시지요.

김딴지 변호사　　이 기사는 국권을 빼앗긴 지 15년이 지나고 나서 보도된 것입니다. 당시는 궁궐 개방을 기정사실로 받아들이고 있었던 시기인 만큼, 이 기사의 내용을 창경궁을 처음 개방할 당시의 상황과 연결시키는 것은 무리가 있습니다.

나카무라 변호사　　물론 창경궁을 처음 개방할 때의 일은 아닙니다. 그러나 궁궐 개방은 황제의 허락 없이는 불가능했음을 보여 주는 좋은 본보기가 됩니다. 기록을 보면 당시 이 왕 내외께선 창경원의 수정(水亭)이라는 정자에 왕림하여 불꽃놀이를 즐기신 일도 있습니다. 또한 만찬을 열어 여러 친인척과 함께 식사도 즐겼어요. 이처럼 원고가 수시로 창경원에서 모임을 열어 여흥을 즐겼던 것을 생각해 보면 창경궁 개방에 대해 큰 거부감을 가지고 있지 않았던 것으로 생각할 수 있습니다.

김딴지 변호사　　판사님, 이 부분에 대한 결론을 내리기에 앞서 원고가 당시에 어떤 생각을 하고 있었는지 알아보는 것이 순서일 것 같

경성부민
경성에 살고 있는 사람을 가리키는 말입니다.

습니다. 원고가 발언할 수 있도록 허락해 주십시오.

판사   좋습니다. 그럼 원고께서 말씀해 주십시오.

순종 황제가 자리에서 일어나 신중히 말문을 열었다.

순종   나카무라 변호사가 지금 말한 내용을 거짓이라고 말하지는 않겠소이다. 창경궁에서 일본과 조선의 고관들이 벌인 연회에 참석한 것도, 밤에 불꽃놀이를 구경한 것도 사실이에요. 나카무라 변호사가 말하지 않았지만, 동물원에 가서 코끼리, 악어 등 우리나라에서 볼 수 없는 동물을 보고 신기하게 생각했던 것도 아니라고 말하지 않겠소이다. 그런데 한 가지 분명히 해 둘 것은, 내가 그렇게 한 것은 총독부에서 미리 짜 놓은 일정에 따라 움직인 것일 뿐 내 뜻대로 한 일이 아니라는 사실이오. 그런 까닭에 『시대일보』에 실린 기사 내용처럼 내가 그런 일을 직접 나서서 지시한 것처럼 말하는 것은 분명히 내 명예를 훼손하는 일이라고 생각합니다.

말이 나온 김에 말하겠소만, 백성의 아버지를 자처하는 내가 백성들이 경치 좋고 볼거리 많은 곳에서 하루의 피로를 푸는 것을 무엇 때문에 반대하겠소? 물론 내가 힘을 가지고 있지 못해서 백성들이 마음 놓고 여가를 즐길 수 있는 장소를 마련해 주지 못한 것은 잘못이지만, 그렇다고 해서 500여 년 조선 왕조의 권위와 전통이 살아 숨 쉬는 궁궐을 개방하여 놀이터로 만들어야겠다고 생각해 본 적은 한 번도 없었소이다. 내가 궁궐에 살았지만, 궁궐은 나의 것이 아니

라 선대왕들이 물려준 것을 잠시 빌려 쓰다가 다음 왕에게 물려주어
야 하는 것일 뿐이오. 그런데 어찌 내가 선왕의 공덕이 배어 있는 궁
궐을 훼손하는 일에 앞장선단 말이오!

김딴지 변호사   맞습니다. 충분히 공감이 됩니다. 판사님! 원고의 말
대로 그즈음은 일제의 식민지 강압 정치가 최고조에 이른 시기라 왕
에게는 발언권이 거의 없었습니다. 그런데도 일제는 자신들의 행위
를 정당화하기 위해 원고를 이용했고, 그들의 모든 정책을 원고의
명령으로 포장하기 위해 언론을 활용했던 것입니다. 비단 창경원에

관한 일뿐 아니라 당시 궁궐에 관한 시책을 공표할 때마다 원고를 들먹이는 일이 한두 번이 아니었습니다. 이 점을 현명하신 판사님께서는 깊이 살펴 주시기 바랍니다.

판사 피고 측 변호인은 더 할 말이 있나요?

나카무라 변호사 존경하는 판사님, 대한 제국 시절 일반 국민들의 삶은 그리 행복하지 못했습니다. 과거에 조선 조정은 국민들의 생활 향상을 위해 충분히 노력하지 않았기 때문에 국민들의 삶은 항상 고단했습니다. 그래서 삶의 고통을 잊고 소풍이나 야유회를 즐긴다는 것은 생각조차 할 수 없는 일이었지요. 놀고 즐길 거리는 물론이거니와 구경거리조차 없었기 때문에 국민들의 삶은 늘 팍팍하고 단조로웠습니다. 그런 때에 멀리 가지 않고도 조선 땅에서 신기한 동물과 식물을 볼 수 있다는 사실에 사람들은 놀라워하고 즐거워했습니다. 특히 봄날 창경원에 만발한 벚꽃을 구경하는 것은 사람들의 마음을 들뜨게 하기에 충분했지요. 또 겨울이 되면 경성 사람들은 스케이트를 탈 욕심에 춘당지에 얼음이 얼기를 학수고대했어요. 그래서 이왕직에서는 경성부민의 건강을 위해 얼음이 어는 기간 동안에는 매일 아침 9시 30분부터 오후 5시까지 보통 관람료로 입장할 수 있게 배려했습니다(『매일신보』 1938년 12월 28일 자). 그들에게 창경원은 사막의 오아시스와 같이 반갑고 즐거운 곳이었습니다.

판사 궁궐 개방이 조선 국민들의 삶을 질을 높이고 정서를 함양하기 위해 필요한 것이었다는 말이군요.

나카무라 변호사 조선 역사상 일찍이 없었던 궁궐 개방은, 국민들

의 삶의 질을 높이고 정서를 함양할 기회를 준 큰 사건이
었습니다.

　동물원, 식물원, 박물관의 설립과 개방은 피고의 주청을
받은 원고의 허락하에 이루어진 일입니다. 그러한 정황은
여러 곳에서 나타나고 있습니다. 경성 시민들을 위한 피고
의 이러한 노력은 오히려 높이 평가되어야 한다고 생각합
니다.

판사　그렇다면 국민들이 실제로 창경원 개방을 크게 환영했다는
증거가 있습니까?

나카무라 변호사　네, 있습니다. 당시의 상황을 좀 더 자세하게 알아
보기 위해 증인을 신청합니다.

판사　증인은 누구입니까?

나카무라 변호사　『동아일보』의 장하다 기자입니다.

판사　채택하겠습니다. 먼저 증인은 선서하세요.

장하다 기자　저는『동아일보』의 문화부 기자로서, 사실대로 말하고
거짓을 말하면 벌을 받도록 하겠습니다.

판사　피고 측 변호인, 신문하세요.

나카무라 변호사　창경원을 일반인들에게 개방하던 날 창경원 주변
모습이 어떠했는지 말씀해 주시겠습니까?

장하다 기자　한마디로 인산인해를 이루었습니다.

나카무라 변호사　좀 더 상세하게 말씀해 보세요.

장하다 기자　창경원은 일반인에게 개방된 뒤 나날이 입장하는 사

람이 늘어 갔습니다. 봄철 일요일에는 엿새 동안의 고달픈 살림에 지친 사람들이 창경원으로 가는 넓은 배오개길을 꽉 메웠습니다. 평시보다 더 준비한 마흔다섯 채의 전차도 구경꾼을 다 실어 나르지 못할 정도로 붐볐어요. 전차는 잠시도 끊길 사이가 없이 마치 땀이라도 흘릴 듯 분주했고 온통 사람들 천지였습니다. 평일에는 구경꾼이 5000명에 지나지 않았으나, 일요일에는 아침부터 정오까지 창경원 입장객 수가 1만 2000명이나 되었지요.

나카무라 변호사　　참 대단했군요. 밤에도 개방했지요?

장하다 기자　　그랬지요. 경찰은 풍기 문란 문제를 들어 반대했지만, 여름철에 야간 개방을 하여 종일토록 일반 시민에게 위안처를 마련해 주었습니다. 특히 여름에 서늘함을 느낄 수 있도록 분수를 설치하는 배려도 아끼지 않았습니다.

나카무라 변호사　　해방 이후에도 창경원의 인기는 식을 줄 몰랐지요? 그렇지 않습니까?

장하다 기자　　그렇습니다. 종로 4가에서 창경원에 이르는 길목은 하루 종일 인파와 차량이 홍수를 이루었고, 사람들은 표 사기부터 아귀다툼을 벌여야 했습니다. 겨우 표를 구해 정문을 들어선 관람객들은, 정원이 없는 인파에 숨이 막힐 듯 먼지를 마시고 사람들에 떠밀리며 꽃구경을 하기도 전에 자리부터 잡아야 했습니다(『조선일보』 1970년 4월 28일 자).

나카무라 변호사　　증인의 증언대로 해방 전이나 해방 이후에나 창경원 일대가 이처럼 인산인해를 이루었던 것은 그만큼 조선 국민들이 여가 생활에 굶주려 있었음을 말해 주는 증거가 아니고 무엇이겠습니까? 창경원의 동물원과 식물원이 국민들에게 큰 위안거리였음을 부정할 수 없는 것입니다. 국민들의 이런 마음을 일찍부터 헤아리고 있었던 피고는 원고의 허락을 얻어 국민들을 위해 궐내에 동물원 등을 짓고 벚꽃을 심어 즐겁게 하루를 즐기게 배려했던 것입니다.

판사   원고 측 변호인, 변론하십시오.

김딴지 변호사   우리 국민이 여가를 선용할 수 있는 시설이 없었던 시절에 한때 잘못 생각하여 창경원에서 여가를 즐겼을 뿐입니다. 그렇다고 해서 창경궁을 놀이동산으로 만든 피고의 죄가 없어지는 것은 아닙니다.

3 창경궁을 복원해야 하는
이유가 무엇인가?

판사   더 할 말이 있습니까?

김딴지 변호사   있습니다, 판사님. 어떤 역사적 사실의 옳고 그름을
판단하는 데 가장 중요한 것은 그 뒤에 숨은 본뜻을 바로 읽어 내는
일입니다. 원고를 위로하기 위해서, 일반 국민에게 즐길 거리를 제
공하기 위해서 동물원과 식물원을 설립했다고 하지만 그것은 명분
에 불과한 것입니다. 하찮은 물건에 대한 집착으로 큰 뜻을 잃는다
는 말이 있습니다. 일제가 궁궐에 놀이공원을 조성한 것은, 조선의
황제와 국민들이 놀이에 정신이 팔려 판단력이 흐려져서 일제에 대
한 적개심을 잊도록 하려는 책략이었습니다. 일제는 원고와 당시 국
민들의 어려운 상황을 교묘히 이용했던 것이지요. 그 결과 창경궁은
만신창이가 되어 버렸습니다. 여기서 증인 장하다 기자를 신문하고

왜 창경궁에 동물원이 생겼을까?

자 합니다.

판사   허락합니다.

김딴지 변호사   증인은 창경원에 들어가서 여러 볼거리를 구경한 적이 있지요?

장하다 기자   물론입니다.

김딴지 변호사   어떤 모습이었는지 상세히 말해 줄 수 있습니까?

장하다 기자   네. 인정전 남쪽의 전각들을 모두 헐어 낸 자리에 동물원이 있었고, 북쪽 넓은 터에는 식물원이 있었습니다. 그리고 박물관은 그 북쪽 언덕 위에 있던 자경전을 헐어 낸 자리에 지어졌습니다.

김딴지 변호사   그렇다면 창경궁에는 어떤 전각들이 남아 있었습니까?

장하다 기자   홍화문, 옥천교, 명정문, 명정전, 경춘전, 환경전, 통명전, 양화당 등이 남아 있었습니다.

김딴지 변호사   남아 있는 전각들은 원래 모습을 유지하고 있었습니까?

장하다 기자   왕과 왕비의 침전이었던 경춘전, 환경전, 통명전 등 많은 전각들은 온돌방이 마루로 바뀌어, 진귀한 회화, 도자기, 금속 공예품, 목칠 공예품의 전시장으로 사용되고 있었습니다. 통명전에는 회화류, 경춘전에는 조선 시대의 미술 공예품, 환경전에는 조선 시대 토속품, 양화당에는 강서 벽화 모사도와 모형이 전시되어 있었어요. 그리고 정전인 명정전의 행각에서는 신라 시대 토기, 고려 시

대 석관 묘지명, 조선 시대 토속품과 동물 표본이 전시되어 있었습니다. 이 밖에 거의 모든 전각들이 개조되어 유물 전시관으로 활용되고 있었습니다.

김딴지 변호사　　궁궐이 많이 훼손되었군요. 궁궐의 모습을 보고 증인은 무슨 생각을 했습니까? 솔직하게 말씀해 보세요.

장하다 기자　　일반인들이 즐길 거리를 만들어 주는 것도 좋지만 전각들을 너무 파괴했다는 생각이 든 것이 사실입니다.

김딴지 변호사　　맞습니다. 지금 증인의 말처럼 의식이 조금이라도

　왜 창경궁에 동물원이 생겼을까?

있는 사람이라면 누구라도 그렇게 생각했을 것입니다. 증인은 해방 후 어느 일요일에 창경원이 갑자기 폐쇄된 일을 알고 있습니까?

장하다 기자   알고 있습니다.

김딴지 변호사   판사님, 증인 장하다 기자에 이어 여기서 또 다른 원고 측 증인을 신청합니다.

판사   증인은 누구입니까?

김딴지 변호사   대한민국 초대 대통령인 이승만입니다.

판사   이승만 박사요? 네, 채택하겠습니다.

흰머리에 검은 두루마기를 입은 이승만 박사가 법정으로 들어오자 방청석이 술렁였다. 이승만 박사가 증인으로 참석한 것이 놀라웠고, 예전 모습 그대로인 것이 또 놀라웠다. 이승만 박사가 증인석에 앉자 판사가 말했다.

판사   증인 이승만 박사는 선서하세요.

이승만   본인은 진실을 말할 것이며, 거짓을 말하면 벌을 받도록 하겠습니다.

판사   원고 측 변호인, 신문하세요.

김딴지 변호사   조용히 쉬고 계시는 분을 이렇게 오시라고 해서 송구합니다.

이승만   별말씀을 다 하십니다. 나의 증언이 공정한 판결에 도움이 될 수 있다면 좋은 일이지요.

고적
남아 있는 옛날 건물이나 물건
을 말합니다.

김딴지 변호사　지금 창경궁에 동물원과 식물원을 지어 놓고 일반 관람을 허용한 것이 옳은 일인가 그른 일인가를 따지고 있습니다. 박사님의 의견을 듣고 싶습니다.

이승만　기꺼이 말씀드리겠습니다. 세상이 많이 바뀌어 지상 세계에 사는 대한민국의 국민이 우리의 궁궐을 소중하게 생각하여 성심껏 보존하고 있는 것을 보면 마음이 흐뭇합니다. 원래 조선의 궁궐이었던 창경원은 내가 대통령 자리에 있을 때만 해도 많은 관람객들로 인해 몸살을 앓고 있었습니다. 잔디밭이 망가지는 것은 물론이고 꽃과 나무가 꺾여 나가기 일쑤였고, 분위기가 소란스러워 마치 장터와 같았지요. 도저히 그냥 보아 넘길 수가 없어서 창경원 개방을 금지시키기에 이르렀습니다.

김딴지 변호사　계속 개방해 왔던 터라 하루아침에 문을 닫는다는 것이 쉽지 않았을 텐데요, 참으로 어려운 결정을 내리셨군요.

이승만　맞습니다. 창경원 소풍에 이미 맛이 들린 국민들이 반발하는 등 여론이 좋지 않았어요. 그렇지만 한번 생각해 보세요. 궁궐은 신성하고 권위 있는 장소가 아닙니까? 그런데 듣자 하니 아이 어른 할 것 없이 한꺼번에 수백 명씩 창경원에 모여 꽹과리를 치고 노래를 부르며 놀기를 서슴지 않는다고 하니 기가 막힐 노릇이 아닙니까? 그대로 내버려 둔다면 귀중한 우리 문화재들이 망가질 것이 불을 보듯 뻔해 관할 경찰서장에게 명하여 문을 닫게 한 것입니다. 우선 문을 닫고 수리를 하려던 것이지만, 수리한 뒤에도 종전과 같이 무질서한 개방은 하지 않을 작정이었습니다. 폐문과 함께 고적이나

신성한 장소를 잘 복원하여 보호해 나가기를 바란다는 담화를 전 국민에게 발표했지요.

김딴지 변호사   담화 내용은 어떤 것이었습니까?

이승만   어느 나라든지 신성불가침한 영역이 있는 법입니다. 그런데 포악한 일본인들의 침범을 받아 우리의 거룩한 장소가 파괴되었고, 국민들은 이 같은 보배를 보존하려는 의지를 자기도 모르는 사이에 잊어버리고 만 것이지요. 이것은 실로 가슴 아픈 일이 아닐 수 없습니다. 지금도 우리가 세계에 자랑할 만한 것이 바로 경주, 창덕궁, 덕수궁 같은 곳들이지요. 그런데 이왕직에서는 돈을 버는 재미로 일반인에게 무질서하게 창경궁을 공개하여 우리의 보배를 파손한 꼴이지요. 나는 이것을 바로잡고자 몇 번 주의도 주어 보았으나 듣지 아니하므로 부득이 문을 닫게 된 것입니다.

김딴지 변호사　　감사합니다. 참 훌륭한 일을 하셨군요.

이승만　　훌륭한 일이라기보다 꼭 해야 할 일을 한 것이지요.

김딴지 변호사　　이 박사님, 오늘 법정에 나와 주셔서 감사합니다. 지금까지 여러분이 들으신 대로 우리의 소중한 문화재인 궁궐이 놀이터가 되어서는 안 됩니다. 궁궐은 반드시 원래 모습대로 보존되어야 합니다. 더구나 선대왕들이 살아왔고 그 뒤를 이어 궁궐에 살고 있었던 원고가 왜 그런 생각을 하지 않았겠습니까?

창경궁의 전각이 하나둘 사라질 때마다 원고의 가슴은 타들어 갔을 것입니다. 그러나 피고의 강압에 눌려 속마음을 겉으로 드러내지 못한 채 한을 삭이는 아픔을 맛보았을 것입니다. 원고를 위해 세웠다는 동물원과 식물원이 실은 원고의 마음을 한없이 아프게 했던 것입니다.

판사　　원고 측 변호인의 변론 잘 들었습니다. 이어서 피고 측 변호인, 변론하세요.

나카무라 변호사　　원고 측 변호인의 변론은 잘 들었습니다. 그런데 창경원의 동물원, 식물원 등이 원고 측 말대로 과거의 잘못된 잔재라고 한다면 해방 후에는 모두 없애 버렸어야 마땅하지 않겠습니까? 그런데 해방 후에도 이 모든 것들이 없어지지 않고 유지되었습니다. 그 사정을 자세히 알기 위해 증인을 신청합니다.

판사 허락합니다. 증인은 누구입니까?

나카무라 변호사 전택보입니다. 당시 천우사 사장을 지냈고, 서울 시장과 함께 서울시에 재건 위원회를 두어 각계의 동물 기증을 이끌어 내기도 하면서 동물원과 식물원을 건설하는 일을 직접 맡았던 사람입니다.

판사 허락합니다. 증인은 증인석에 나와 선서하십시오.

전택보 저는 사실만을 말하고, 거짓을 말하면 벌을 받도록 하겠습니다.

판사 피고 측 변호인, 신문하세요.

나카무라 변호사 네. 육이오 전쟁으로 창경원 동물원의 동물들이 보살핌을 받지 못하고 굶어 죽거나 얼어 죽었고 식물원의 식물도 대부분 말라 죽었다고 들었습니다. 사실인가요?

전택보 그렇습니다.

나카무라 변호사 그래서 어떻게 했나요?

전택보 당시 이승만 박사는 당초부터 일반 시민들에게 창경궁을 개방하는 것을 탐탁지 않게 생각했습니다. 신성한 궁궐이 소란스러워져서는 안 된다고 생각했기 때문이지요. 그러나 창경원이 서울에 하나밖에 없는 유원지인 데다가 국민들이 그토록 동물원과 식물원 개장을 원하고 있고 자진해서 동물원과 식물원을 복구하려는 움직임까지 있어서 생각을 바꾸게 되었습니다. 정히 그렇다면 지금부터라도 착실히 계획하여 일제 강점기 때보다 더 훌륭한 동물원과 식물

육이오 전쟁
1950년 6월 25일 새벽에 북한군이 북위 38도선 이남으로 기습적으로 침공함으로써 일어난 전쟁으로, 1953년 7월 27일에 휴전이 이루어져 휴전선을 확정하였습니다.

원을 만들라고 말했습니다.

나카무라 변호사   실제로 복원 계획이 세워졌나요?

전택보   그렇습니다.

나카무라 변호사   복원 계획은 구황실 재산 관리국에서 세운 건가요?

전택보   아닙니다.

나카무라 변호사   그럼 어떻게 된 건가요?

전택보   제가 주도했습니다. 구황실의 허락을 얻지 못했지만 서울 시에 재건 위원회를 설치하여 각계의 동물 기증을 이끌어 내었습니다. 나중에 구황실 재산 사무 총국장으로 부임한 윤우경이 참여하여 함께 일을 추진하였습니다.

나카무라 변호사   동물원과 식물원을 복원할 때 동물과 식물을 많이 기증받았나요?

전택보   그렇지요. 제법 많은 양이 확보되었습니다. 한국은행, 산업 은행 등 은행과 경성 방직 주식회사, 경성 전기 주식회사 등의 기업으로부터 31종 100여 수의 동물과 107종의 식물을 기증받았습니다.

나카무라 변호사   동물원과 식물원이 복구된 뒤 창경원 사정은 어떠했습니까?

전택보   시민들이 더욱 많이 몰려들었습니다. 학생 빙상 대회, 씨름 대회 등 각종 운동 경기, 여러 가지 모임과 행사, 이산가족끼리 소식을 수소문하는 장소로도 사용되었습니다. 뿐만 아니라 육이오 전쟁 때 노획한 북한의 각종 무기와 군사 용품을 전시하기도 했습니다.

나카무라 변호사   각종 무기와 군사 용품은 어디서 전시했습니까?

전택보　　일제 강점기에 유물 전시관으로 개조한 명정전과 행각, 통명전, 양화당, 환경전, 경춘전을 모두 전시장으로 썼습니다.

나카무라 변호사　　증인의 말대로 해방 후에도 창경궁은 일제 강점기의 창경원 모습을 그대로 유지하고 있었습니다. 한국인들은 일본 사람들이 창경궁을 놀이동산으로 변질시켰다고 흥분했습니다. 그렇다면 일본이 물러간 뒤에는 무엇보다 먼저 창경궁을 원래 모습으로 복원하기 위해 힘썼어야 했던 것이 아닙니까? 그런데 어땠습니까? 증인 전택보의 말대로 창경궁의 제 모습을 찾는 일은 제쳐 두고 동물원과 식물원을 복원하는 데에만 신경을 썼습니다. 또한 명정전과 행각, 통명전, 양화당, 환경전, 경춘전 등 전각을 여전히 전시장으로 활용했어요. 이것은 피고가 창경궁에 동물원과 식물원과 박물관을 짓고 일반인들에게 개방한 것과 무엇이 다릅니까? 모두가 시민들로 하여금 문화생활을 즐길 수 있게 하려는 충정에서 나온 것이 아니겠습니까?

이상으로 증인 신문을 마치겠습니다.

원고 측 증인인 이승만과 피고 측 증인인 전택보의 증언이 끝나자 판사가 장내를 정리하며 말을 이었다.

판사　　오늘 마지막 재판에서도 양측의 주장과 증인들의 증언을 잘 들었습니다. 양측 변호인들 지금까지 수고 많았으며 성실히 증언해 준 증인들께도 감사드립니다. 이것으로 사건 번호 51호, 원고 순종 황제에 대한 피고 이토 히로부미의 명예 훼손 및 궁궐 파괴 사건 재판을 마무리하고자 합니다. 잠깐 휴식을 취한 뒤 최후 진술을 듣기로 하겠습니다.

긴 시간 동안 원고 측과 피고 측의 날선 공방을 지켜보았던 방청객들이 자리에서 일어나 법정을 빠져나갔다. 사람들 틈에서 법정을 나서던 상식이가 아버지에게 질문했다.

"아빠, 아무리 생각해도 이해가 안 가요."

"뭐가?"

"일제 강점기에 이토 히로부미가 창경궁을 놀이터로 만들어 버렸다면, 해방 후에는 당장 창경궁으로 복원했어야 하는 것 아닌가요?"

"와, 상식이가 그런 생각을 다 하는구나. 네 말이 맞아. 진작 그랬어야 했지. 그런데 해방 이후 1980년대까지도 국민들이 창경궁을 놀이동산으로 인식하고 전국에서 구경하러 모여들었지. 더구나 봄철에 창경궁에 벚꽃이 피기 시작하면 벚꽃놀이를 즐기려는 사람들이 밤낮을 가리지 않고 전국에서 몰려들어 인산인해를 이루었어. 그들이 감상하며 즐기는 벚꽃이 모두 일본 사람들이 자기 나라의 혼을 한국 땅에 심기 위해 심은 것이라는 사실도 모른 채 말이야. 그때까지만 해도 창경궁이 얼마나 소중한 문화유산인지 우리 국민들은 잘 몰랐던 거야."

"아직도 창경궁 안에 일본 사람들이 심은 벚나무가 자라고 있나요?"

"아니, 모두 뽑아 버렸어."

"언제요?"

왜 창경궁에 동물원이 생겼을까?

　"1983년에 창경원이라는 이름을 창경궁으로 되돌린 것을 시작으로 창경궁의 원래 모습을 되찾기 위한 공사가 시작되었는데, 그때 뽑아 버렸지."

　"그럼 동물원과 식물원은 어떻게 되었어요?"

　"서울 대공원 알지?"

　"네, 알아요."

　"창경궁의 동물원 우리에 갇혀 있던 동물들은 죄다 그곳으로 옮겼어."

　"그럼 전각들도 복원했나요?"

"1986년에는 통명전 뒤쪽 언덕에 있던 장서각(옛 박물관) 건물을 헐어 냈고, 일제에 의해 철거되었던 문정전, 명정전 행각 등을 다시 지었어. 그래서 창경궁이 어느 정도 정비되었지. 그렇지만 지금도 원래의 모습을 다 갖추기에는 턱없이 부족한 상태야."

"그러면 조선의 500년 명맥을 끊으려고 일제가 창경궁과 종묘 사이에 놓은 다리인 율곡로는 어떻게 되었나요?"

"응, 원래 모습을 되찾기 위한 공사가 얼마 전에 시작되었어. 지금은 꽤 진행되었을걸!"

"원래 모습을 되찾는다는 것은 어떻게 한다는 건가요?"

"지금 서울 율곡로에 차들이 많이 다니고 있잖아. 그렇기 때문에 이 길을 완전히 없앨 수는 없는 노릇이야. 그래서 땅 밑으로 차가 다니는 왕복 6차선 터널을 만들고 그 위를 흙으로 덮어서 창경궁과 종묘 사이를 자연스럽게 연결하려는 거지. 공사가 끝나면 훨씬 보기 좋은 창경궁이 될 거야."

"궁궐을 복원하려면 돈이 많이 들겠지요? 그런데도 꼭 궁궐을 복원해야 하는 까닭이 있나요?"

"궁궐은 보통 사람들이 생각하는 도시의 공원이나 놀이동산과는 달리 조선 500년 역사와 정치 문화가 진열된 곳이야. 궁궐을 찾는 사람이 그 전각에 얽힌 역사와 정신을 알지 못하고 본다면 그것은 다만 옛집에 불과할 것이고, 돌계단과 지붕 등 곳곳에 베풀어진 문양과 장식물들의 뜻을 이해하지 못한다면 그것 또한 볼거리 이상의 아무것도 아닌 것이지."

"그렇군요!"

"그리고 말이야, 궁궐은 왕조의 애환과 영욕이 서려 있는 역사의 현장이기도 해. 온 백성을 희망에 부풀게 한 경사스러운 일이 있었던가 하면, 가슴 아픈 사건들이 이 전각 저 문 앞에서 벌어지기도 했어. 그 수많은 전각들이 전란과 화재로 잿더미가 되었다가 다시 재건되기도 했고, 일제의 간악한 흉계와 망동으로 귀중한 문화유산이 수난을 당한 것도 한두 번이 아니야.

500년의 긴 세월을 추억하면서 궁궐 도처에 스민 역사와 옛 문화의 흔적을 살피고 곳곳에 베풀어진 장식물의 숨은 비밀을 찾아낸다면, 궁궐은 우리들 앞에 새로운 의미로 다가올 거야. 그런데 만약 궁궐의 전각들이 자꾸 사라지고 그 모양이 달라져 버린다면 어떻게 조상들의 마음을 제대로 읽을 수 있겠어? 그러니 원래 모습대로 남아 있게 보존하는 것이 중요하지. 그래서 우리들은 궁궐을 원래 모습대로 복원하려고 노력하는 거야."

"창경궁의 제 모습을 찾기 위한 노력은 앞으로도 계속되겠지요?"

"그렇고말고."

"완전히 복원된 창경궁을 보고 싶고, 율곡로가 없어진 종묘와 창경궁의 모습도 빨리 보고 싶어요."

"나도 마찬가지야."

이야기를 나누면서 걷다 보니 어느덧 두 사람은 법원을 나서고 있었다. 짧은 가을날은 이미 저물었고, 인도에는 낙엽이 뒹굴고 있었다.

해방 후 창경궁 중건 공사 내력과
현재의 창경궁

1983년부터 시작된 창경궁 중건 공사가 1986년에 완료되었습니다.
1992년에는 1911년에 지어진 장서각을 철거하였습니다. 또한 일제가 박물
관 시설로 사용하기 위해 내부 온돌을 철거하고 바닥을 마루로 깔아 원형을
훼손한 전각 중 경춘전과 영춘헌, 집복헌, 통명전을 순조 중건 당시의 원형대
로 복원하고 수리했어요. 2001년에는 대온실을 보수하였고, 2004년에는 통
명전 연지를 정비했습니다. 그러나 훼손된 전각의 내부를 모두 원형대로 복원
한 것은 아닙니다.

1971년 10월에 정부에서는 국립 동물원 설립 기본안을 마련하였습니다.
서울 인구가 급증하고 소음, 매연, 분진 등 공해가 심해져 동물에게 해로운 건
물론이고 문화재 파손에 대한 우려가 커지고 있었기 때문입니다. 서울 근교로
동물원을 이전하는 방안이 구체적으로 검토되기 시작하였지만, 1972년 말
유신 정국 속에서 논의는 무위로 돌아갔어요. 이 때문에 독립된 동물원을 설
립하는 것 대신 창경원을 대대적으로 개조하는 계획이 세워지게 되었지요.

문화재 보존 지역으로 구분한 전각 주변의 정비가 시작되어 명정전의 기와
와 단청을 정리하고 전각의 대석과 돌계단을 바로잡았으며, 옥천교와 장서각
을 정비하였습니다. 통명전 서쪽 연못, 함양문으로 오르는 계단, 통명전, 양화
당, 영춘헌, 집복헌 뒤에 장대석을 놓고 옛 전각의 주초석과 대리석을 정리했

으며, 전각 주변의 녹지도 정비했습니다. 이때 관천대를 명정전 북행각 쪽으로 이전하는 공사도 했습니다.

1977년에 서울시는 대단위 종합 공원을 건설하여 창경원의 동식물을 이전한다는 내용의 서울 대공원 건설 계획안을 마련했고, 이는 1977년 1월 5일에 당시 박정희 대통령에 의해 승인, 재가되었습니다. 경기도 시흥군 과천에 있는 현재의 서울 대공원 자리도 이때 확정되었어요.

창경궁에 현존하는 건물은 명정전, 명정문, 행각, 문정전, 동행각, 숭문당, 빈양문, 함인정, 환경전, 경춘전, 통명전, 양화당, 영운헌, 집복헌 등이고, 석조물로는 옥천교와 풍기대가 있습니다. 궁궐을 출입할 수 있는 문으로 홍화문, 선인문, 월근문, 집춘문이 있고, 춘당지 북쪽에는 1909년에 건립된 큰 온실이 있습니다.

현재 명정전 등 17동 344칸과 홍화문 등 외곽 출입문 4동이 있는데, 이것은 원래 규모의 약 19.5%만 남아 있는 셈입니다.

다알지 기자

안녕하십니까? 다알지 기자입니다. 오늘은 순종 황제와 이토 히로부미 씨 사이에서 벌어지고 있는 재판의 마지막 날입니다. 오늘 재판에서는 전반적으로 창경궁이 창경원으로 바뀌게 된 과정을 되짚어 보는 시간을 가졌습니다. 우리나라의 초대 대통령을 지낸 이승만 박사가 증인으로 출두하기도 하는 등 흥미진진한 시간이었습니다. 최후 진술만을 남겨 두고 있는 이때 재판의 중심에 서 있는 원고와 피고의 말을 안 들어 볼 수가 없겠네요. 피고 이토 히로부미와 원고 순종 황제의 말을 각각 들어 보도록 하겠습니다.

이토 히로부미

안녕하십니까? 나 이토 히로부미요. 자
꾸 나더러 잘못했다고 뭐라 그러는데 내가
뭘 그렇게 잘못했습니까? 창경궁에 동물원과
식물원을 설치하였으니 당연히 이름도 바꾸어야 한
다고 생각해서 '창경원'으로 바꾼 게 잘못입니까? 아니면, 창경원으로
설립된 뒤에 궁궐의 권위를 해치지 않기 위해 「어원종람규정」을 만들
어 일반인들이 창경원을 구경할 때 조심할 내용을 담은 것이 잘못입니
까? 그것도 아니면 조선의 백성들을 위해서 보고 즐길 거리를 만들어
준 것이 잘못입니까? 사실 말이야 바른 말이지, 조선 백성들에게 그동
안 볼 수 없던 신기한 동물과 식물도 볼 수 있게 해 주었고, 궁궐 안도
친근하게 볼 수 있도록 해 준 내가 무슨 잘못이란 말입니까?

순종

이토 히로부미가 아직도 정신을 못 차린 것 같군요. 자신이 뭘 잘못했는지도 모르고 있으니 말입니다. 그럼 내가 조목조목 잘못을 짚어 주지요. 우선 창경궁이라는 이름을 굳이 창경원으로 바꾼 것은 조선 왕조의 정통성을 말살하고자 한 것이므로 잘못입니다. 그리고 일반인들에게 조심해서 구경하도록 했다고 유세를 떠는데 궁궐의 권위와 신성함을 지키기 위해서라면 애초부터 궁궐 문을 열지 않는 것이 맞는 일이지요. 따라서 이것도 잘못입니다. 그리고 이토 히로부미는 나와 조선의 백성들에게 즐길 거리를 제공하기 위해 창경궁을 창경원으로 바꾸었다고 하지만, 그것은 허울 좋은 명분에 불과합니다. 일제가 궁궐을 놀이공원으로 만든 것은 조선의 왕과 백성들이 놀이에 정신이 팔려 판단력이 흐려지도록 하여 일제에 대한 적개심을 없애려는 간교한 책략에 불과했으니 말입니다.

왜 창경궁에 동물원이 생겼을까?

대한 제국의 궁궐을 훼손한 일제는
벌을 받아 마땅하오
vs
순종을 위로하고 백성을 위해
한 일이라니까

판사　마지막으로 원고와 피고의 최후 진술을 듣고 판결을 내리겠습니다. 두 분의 진술은 배심원단과 판사인 내가 작성할 판결문에 중요한 영향을 주는 것이므로 신중하게 발언하시기 바랍니다. 먼저 원고가 진술하세요.

순종　나는 대한 제국의 마지막 황제가 되어 버린 것을 항상 가슴 아프게 생각하고 있습니다. 1905년 을사조약 이후 조선에 일제의 통감부가 설치되고 이토 히로부미가 초대 통감으로 온 뒤 조선은 혼란의 소용돌이 속에 빠져들었습니다. 부왕인 고종이 황제 자리에서 물러나고 내가 그 뒤를 이었습니다. 그 이후 나는 나라의 장래를 걱정하며 창덕궁에 거처하고 있었습니다.

　그런데 성종 이후 이궁으로 유지되어 왔던 창경궁에서 갑자기 동물원과 식물원을 짓는 공사가 진행되고 있다는 소식을 들었습니다. 이게 무슨 소린가 알아봤더니, 왕조의 권위를 드러내는 정전인 명정전을 비롯해서 왕과 왕비들이 거처해 오던 경춘전, 환경전, 통명전 등 침전 건물을 헐고 그 자리에 동물원과 식물원을 짓고 있었습니다. 조선의 위엄과 권위의 상징인 궁궐이 마구 파괴되고 있는 모습을 보니 내 마음도 함께 무너져 내리는 것 같았습니다.

게다가 동물원과 식물원 건립을 지시한 이토 히로부미는 창덕궁에서 우울한 나날을 보내고 있는 나를 위로하기 위해 동물원과 식물원을 건립하는 것이라고 하면서 내가 허락한 일이라고 헛소문까지 퍼뜨리고 다녔습니다. 조선의 왕인 내가 어찌 조선의 왕권을 상징하는 궁궐을 허물고 놀이공원으로 만들라고 할 수 있겠습니까? 이토 히로부미의 말은 전부 거짓입니다.

일제가 민족정기를 말살하기 위해 저지른 악행의 증거들은 수없이 많습니다. 창경궁과 종묘 사이에 길을 뚫어 맥을 끊음으로써 창경궁을 풍수적으로 나쁜 땅으로 만들어 버린 일이라든지, 농사를 만사의 근본으로 삼고 있는 조선 사람들이 땅의 신과 곡신의 신에게 제사를 올리는 사직단을 공원으로 만들어 버린 일, 조선의 정궁인 경복궁을 헐고 조선 총독부 건물을 짓는 등, 일제가 저지른 죄는 결코 용서받지 못할 것입니다. 궁궐을 파괴하는 일제의 마수는 여기서 그치지 않고 경희궁, 덕수궁에까지 미쳤습니다.

나는 1926년에 죽어 남양주의 유릉에 잠들어 있으면서 한시도 일제의 궁궐 파괴의 만행을 잊지 않고 있었습니다. 이에 한국사법정에서 이토 히로부미의 조선 궁궐 파괴와 나에 대한 명예 훼손죄를 철저히 가려 엄벌해 주시기 바랍니다.

판사　이번에는 피고의 최후 진술을 듣겠습니다.

이토 히로부미　일제 강점기 때 『동아일보』 기사나 몇 가지 기록에서 보듯이 창경궁 안에 동물원과 식물원, 박물관을 지을 때 순종 황제는 반대하지 않았습니다. 순종 황제 스스로 정장 차림으로 동물원 구경을 하기도 했습니다. 이런 기록들을 원고 측에서는 강압에 의한 것이라고 하지만 결코 그런 것이 아닙니다. 창경원 조성에 관해서는 항상 이완용 등 조선 관리들과 상의했습니다. 조선의 대신들이 찬성한 것은 순종 황제가 찬성한 것과 마찬가지 아니겠습니까?

그리고 동물원과 식물원, 박물관을 창경궁 안에 지은 것을 두고 궁궐 훼손에 목적이 있었다고 원고 측은 말하지만 결코 그렇지 않습니다. 나는 오로지 순종 황제의 마음을 위로하고 일반 백성들에게 여가를 즐길 수 있는 장소를 만들어 주려는 충정에서 했던 일입니다. 해방 이후 조선의 수많은 백성들이 창경원에 와서 희귀한 동물과 식물을 구경하면서 감탄하고 벚꽃 놀이를 즐기며 행복해했던 것을 보면 창경원의 건립 취지가 궁궐 파괴에 있지 않았다는 것을 잘 알 수 있지 않습니까? 따라서 나는 이 안건에 대해서 무죄라고 확신합니다. 판사님과 배심원단 여러분께서 이 점을 깊이 살피시어 현명한 판단을 내려 주시면 감사하겠습니다.

역사공화국 한국사법정 재판 번호 51 순종 vs 이토 히로부미

주문

피고 이토 히로부미가 순종 황제의 명예를 훼손했다는 부분에 대해 심증은 충분히 가나 증거가 충분하지 못하여 무죄를 선고한다. 다만 조선 왕조의 정통성을 훼손함으로써 국민이 당한 고통을 감안하여 피고인 이토 히로부미를 징역에 처하며, 당시 파괴한 조선의 궁궐을 비롯한 문화재를 빠른 시일 내에 모두 복원하도록 명령한다.

판결 이유

피고 이토 히로부미는 조선 황실을 예우했고 백성들의 여가 선용에 대해서도 배려를 아끼지 않았다고 주장하고 있다. 그러나 이토 히로부미가 행한 모든 시책들은 겉으로는 조선을 위하는 것처럼 보이지만 여러 정황으로 미루어 그 뒤에는 조선 민족의 정기를 말살하고 국민을 어리석음 속으로 전락시키려는 계책이 숨어 있었다고 여겨진다.

순종 황제를 '창덕궁 이 왕 전하'라 칭하고 황태자를 왕세자로 칭하는 등 격을 낮추어 부르면서 황실을 인정하고 배려하는 뜻으로 황실의 상징인 오얏 꽃 문양을 사용할 수 있게 했다고 주장하는 것 또한 여러 정황으로 볼 때 그 배후에는 일본과 조선이 하나라고 우기는 내선일체의 겉모습을 갖추려는 잔꾀가 숨어 있었다고 판단된다.

그리고 일제가 황제의 신성한 통치 권력을 상징하는 궁궐, 왕릉, 종묘, 사직단 같은 국가적 상징물들을 파괴하거나 공원 등으로 용도를 바꾼 것, 창경궁과 종묘 사이에 길을 뚫은 것 등이 모두 조선 왕조의 정통성을 훼손하고 조선인의 민족정신을 말살시키고자 한 일이었다는 것은 오늘날 공공연히 알려진 사실이다. 이런 상황에서 창경궁에 동물원과 식물원을 세운 뜻이 모두 순종 황제와 조선 국민을 위한 일이었다고 하는 피고 측의 주장은 설득력이 없다.

궁궐의 크고 작은 것에는 오랜 세월 동안 그곳에 살았던 왕과 왕족, 그리고 그들을 보필했던 신하들의 정신세계와 미의식이 반영되어 있다. 우리들은 그것을 통해 조상들이 무엇을 생각하고, 무엇을 원하면서 살았는지를 느껴 볼 수 있는 것이다. 그런 궁궐을 훼손하거나 변형시키거나 철거하는 것은 조상들의 정신세계를 후손에게 전해 주는 다리를 없애 버리는 것과 마찬가지다.

이토 히로부미는 창경궁의 전각 대부분을 철거하고 그 자리에 동물원과 식물원을 지어 조선 궁궐의 권위에 큰 해를 끼쳤으며 피고가 저지른 죄가 결코 작다고 할 수 없다. 따라서 본 법정은 순종 황제에 대한 피고 이토 히로부미의 명예 훼손과 궁궐 파괴 사건에 대해 주문과 같이 판결하였다.

역사공화국 한국사법정 담당 판사 공정한

"일제의 역사 왜곡은 그만!"

재판이 끝난 뒤 김딴지 변호사와 나카무라 변호사는 약간 피곤한 모습으로 휴게실에서 만났다.

"나카무라 변호사, 우리 커피나 한잔 하지."

"한잔 해야지."

두 사람은 커피를 뽑아 들고 정원으로 나가 벤치에 앉았다. 날씨가 제법 쌀쌀한 것이 정신이 번쩍 든다. 김딴지 변호사가 먼저 입을 열었다.

"나카무라 변호사, 아무리 같은 일본 사람이라도 그렇지, 이토 히로부미를 그렇게 무조건 변론하니 속이 시원한가?"

"무조건이라니? 그렇게 생각하면 오해야. 아무리 흉악한 사람이라도 인간적인 마음이 조금은 있다고 봐."

"그런데 이토 히로부미에게 그런 마음이 있기나 할까? 이토 히로
부미 본인이나 그 편에 섰던 사람들이 이토 히로부미가 순종 황제를
위해 동물원과 식물원을 지었다고 말한다 해서 그가 진짜로 그런 마
음을 가지고 있었다고 믿는 건 아니겠지?"

"당시의 여러 가지 정황을 보면 짐작할 수 있는 문제지."

"그런데 자네 이것만은 분명히 알아야 하네."

"뭘?"

"당신네 일본 사람들은 약한 자에게는 강하고 강한 자에게는 약
한 고약한 성질을 가지고 있다는 걸 말이야. 얼마 전에 중국 동쪽에

있는 작은 섬 조어도를 자기네 땅이라고 우기면서 근처에 와 있던 중국 선원을 잡아간 적이 있잖아?"

"흠……."

"중국에서 선원을 당장 석방하지 않으면 가만두지 않겠다고 엄포를 놓고 일본 반도체 산업에 꼭 필요한 것을 팔지 않겠다고 으름장을 놓으니 금방 두 손 들고 항복하면서 중국 선원을 석방해 주었잖아."

"그랬었지."

"그런데 우리나라에 대한 태도는 어때? 걸핏하면 독도가 자기네 땅이라고 우기고, 심지어 우리나라 정치인들이 우리의 섬인 독도에 가는 것을 가지고 유감이네, 가서는 안 되네 하면서 간섭하는가 하면, 자기들의 땅인 독도를 방문한다고 막무가내로 일본 국회 의원들이 비행기 타고 왔다가 쫓겨난 적도 있잖아. 참 고약한 사람들이야."

김딴지 변호사는 역사를 왜곡하는 일본과 나카무라 변호사를 원망스러운 눈빛으로 보았고, 한국과 일본처럼 두 변호사 사이에는 어색한 침묵이 남았다.

왜 창경궁에 동물원이 생겼을까?

조선의 역사가 숨 쉬는 창경궁

홍화문

　1484년, 조선의 제9대 임금인 성종 때 지어진 창경궁은 서울 지하철 4호선 혜화역에서 내리면 걸어서 갈 수 있는 곳에 있습니다. 조선의 4대 궁궐로도 손꼽히는 창경궁을 보기 위해서는 정문인 '홍화문'을 지나야 합니다. 홍화문은 궁궐의 정문으로선 특이하게 동쪽으로 나 있지요. 임진왜란 때 불타 훼손된 것을 광해군 때 재건했다고 합니다.

　홍화문을 지나 '옥천교'라는 다리를 지나 '명정문'에 들어서면 창경궁의 정전인 '명정전'을 만날 수 있습니다. 2중으로 된 월대를 두고 그 위에 건물 기단을 마련한 것이 특징이지요. 경복궁의 근정전, 창덕궁의 인정전처럼 왕이 조회를 하던 곳답게 이곳에는 왕의 의자인 용상이 있고 그 뒤로는 일월 오봉도가 그려진 병풍이 있습니다.

　명정전 옆에는 왕이 주로 머물던 편전인 문정전이 있으며, 그 외에 영조가 과거에 장원 급제한 사람들을 만나는 곳으로 사용한 함인정, 창경궁의 내전인 경춘전과 환경전 등이 있습니다.

그리고 창경궁의 정전인 명정전에서 조금 떨어진 곳에 춘당지라는 연못이 있습니다. 2개의 연못으로 이루어졌으며 1909년에 만들어졌지요. 춘당지 옆에는 같은 해에 만들어진 대온실이 있습니다. 우리나라 최초의 서양식 온실인 이곳은 식물원으로 여러 종류의 열대 식물 등 우리나라에서 보기 힘든 식물들을 전시하였지요.

찾아가기 **매표 시간** 4월~10월 09:00~17:30   3월, 11월 09:00~16:30
12월~2월 09:00~16:00
주소 서울특별시 종로구 창경궁로 185   **전화** 02-762-4868~9

춘당지

대온실

『역사공화국 한국사법정 51 왜 창경궁에 동물원이 생겼을까?』와 관련한 논술 문제를 풀어 봅시다.

※ 다음 제시문을 읽고 물음에 답하시오.

창경궁 경춘전

(가) 창경궁은 성종 14년인 1483년에 왕실의 웃어른인 정희 왕후, 소혜 왕후, 안순 왕후를 위해 지어진 궁궐입니다. 이 중 수강궁이라 불리던 궁궐은 이후로도 왕후 등 왕실의 어른들이 머물던 곳으로서, 유교 중심 국가인 조선의 '효' 사상을 상징하는 장소가 되었습니다. 창경궁은 생활 장소가 매우 발달되어 있다는 점이 특징입니다. 경춘전, 환경전 등의 전각들은 주로 왕후들이 기거하였던 곳으로, 창경궁의 주된 역할을 담당하였습니다.

(나) 창경궁은 일반인들이 돈을 내고 표를 끊으면 들어갈 수 있는 곳
이 되었습니다. 전각들이 없어지고 대신 그 자리에는 일본 국화
인 벚꽃과 동물들의 울음소리 가득한 동물원이 들어섰습니다.
대한 제국에 대한 통치권을 장악한 일제는 순종 황제를 위로한
다는 명목으로 창경궁에 동물원, 식물원을 세웠습니다.

1. (가)는 창경궁이 세워질 당시에 대한 내용이고, (나)는 창경궁이 창
경원으로 바뀔 당시에 대한 내용입니다. (가)와 (나)를 읽고 창경궁
의 역사에 대하여 짧게 서술하고, 순종 당시의 시대적 상황에 대해 써
보시오.

※ 다음 제시문을 읽고 물음에 답하시오.

(가) 이순신 장군의 명량 대첩 승전지인 해남 우수영과 진도를 건너
가는 등줄기로 알려진 옥매산 정상에서 일본인이 박은 것으로
보이는 쇠말뚝이 발견되었습니다. 옥매산은 일제 강점기 때 일
본 회사가 차지하고 납석 등을 채굴해서 일본으로 실어 나른 곳
입니다. 이 회사의 수탈로 옥매산은 헐벗고 절단되는 등 크게
훼손되었지요.

　우리 민족의 정기를 끊겠다며 일제가 벌인 악행은 북한에서
도 예외가 아니었습니다. 명산으로 손꼽히는 북한의 송악산, 천
마산 등에서 쇠말뚝들이 발견되어 치솟는 분노를 금치 못하게
하고 있습니다.

(나) '이왕가(李王家)'라는 말은 1910년 한일병합 조약 이후 대한 제
국 황실을 일개 가문으로 격하하여 부른 말입니다. 때때로 조선
왕실, 대한 제국 황실과 동일한 의미로 쓰이기도 합니다.

　왜 창경궁에 동물원이 생겼을까?

(다) 광무 황제인 고종과 순헌황귀비 엄씨 사이
에서 태어난 영친왕은 1907년 융희 황제인
순종의 즉위와 함께 대한 제국의 마지막 황
태자가 되었습니다. 하지만 어린 나이에 일
본에 끌려가 일본에서 교육을 받아야 했지
요. 1917년에 일본 육군 사관 학교를 졸업
하고, 이듬해 일본 황족 나시모토노미야 모
리마사 왕의 제1왕녀인 마사코(방자)와 결
혼하게 됩니다.

영친왕과 영친왕비의 결혼

2. (가)는 일제 강점기 시대에 박은 쇠말뚝에 관한 내용이고, (나)는 대한
   제국 황실을 '이왕가'라고 부른 것에 대한 내용입니다. 그리고 (다)는
   영친왕의 행적에 관한 내용입니다. (가)~(다)를 통해 일제가 어떤 방
   법으로 대한 제국을 누르고자 했는지 써 보시오.

해답 1 (가)는 성종이 창경궁을 세울 당시에 대한 내용입니다. 많은 왕들이 창덕궁에서 집무를 보고 생활하였는데, 창덕궁은 커져 가는 왕실의 살림을 모두 담기에 벅찬 부분이 있었습니다. 그래서 창경궁을 지어 왕실의 어른들이 편하게 지낼 수 있도록 하였지요. 창덕궁과 창경궁을 묶어 '동궐'이라고 부르기도 합니다. 이렇게 창경궁은 왕실에서는 없어서는 안 될 중요한 공간이자, 웃어른을 생각하는 마음이 담긴 '효'의 공간이었지요.

그런데 (나)를 보면 순종이 즉위한 뒤에 변화된 창경궁의 모습이 어떠했는지 알 수 있습니다. 창경궁은 선대왕의 흔적이 묻어 있던 전각이 없어지고 그 자리에 외국의 동물과 식물들이 들어서게 되었습니다. 그리고는 돈을 받고 표를 팔아 사람들에게 구경하도록 하였지요. 말 그대로 '놀이공원'이 된 것입니다.

엄격하고 신성함이 감돌아야 할 공간을 유희의 공간으로 바꾸어 버린 일제의 행동은 충분히 만행이라는 이름을 붙일 만합니다. 하지만 이렇게 궁궐을 유린당함에도 불구하고 우리나라 국민은 물론 왕도 입을 뻥긋할 수가 없었습니다. 힘이 없었기 때문이지요. 나라의 외교권과 군사권을 빼앗긴 터라 제대로 된 권리를 행사할 수가 없었습니다. 그래서 이런 비극이 일어나게 된 것이지요.

해답 2 (가)는 남한과 북한 전역에서 발견된 쇠말뚝에 관한 내용으로, 이 쇠말뚝은 일제 강점기 시대에 박은 것으로 보입니다. 대한 제

왜 창경궁에 동물원이 생겼을까?

국과 우리 민족의 정기를 끊기 위해 벌인 일제의 만행이지요. 또한
(나)는 한 나라의 황실을 일개 가문으로 낮추어서 부르고자 한 일제
의 속셈이 드러나는 부분이 아닐 수 없습니다. 그리고 (다)는 대한
제국의 마지막 황태자이자 고종의 일곱째 아들인 영친왕에 대한 내
용입니다. 영친왕은 이토 히로부미에 의하여 강제로 일본에 끌려가
일본식 교육을 받고 일본의 육군 중장이 되는 삶을 살아야 했지요.
한 나라의 왕이 되기 위해 그 나라의 문화와 역사를 배워도 모자랄
황태자를 일본에 볼모로 끌고 간 것입니다.

　이렇게 일제는 민족의 정기를 끊고, 황실을 폄하하고, 황태자에게
자기네 나라의 교육을 강요함으로써 대한 제국을 누르고 우리나라
를 식민지로 만들려고 한 것입니다.

* 해답은 예시로 제시된 내용입니다.

역사공화국 한국사법정 51

왜 창경궁에 동물원이 생겼을까?

ⓒ 허균, 2012

초판 1쇄 발행일 2012년 7월 10일
초판 5쇄 발행일 2022년 1월 25일

지은이   허균
그린이   고영미
펴낸이   정은영

펴낸곳   (주)자음과모음
출판등록   2001년 11월 28일 제2001-000259호
주소   10881 경기도 파주시 회동길 325-20
전화   편집부 (02) 324-2347 경영지원부 (02) 325-6047
팩스   편집부 (02) 324-2348 경영지원부 (02) 2648-1311
이메일   jamoteen@jamobook.com

ISBN 978-89-544-2351-9 (44910)

철학자가 들려주는 철학 이야기 (전 100권)

아이들의 눈높이에 맞춘 철학 동화!
책 읽는 재미와 철학 공부를 자연스럽게 연결한 놀라운 구성!

대부분의 독자들이 어렵게 느끼는 철학을 동화 형식을 이용해 읽기 쉽게 접근한 책이다. 우리의 삶과 세상, 인간관계에 대해 어려서부터 진지하게 느끼고 고민할 수 있도록, 해당 철학 사조와 철학자들의 사상을 최대한 풀어 썼다.

이 시리즈의 가장 큰 장점은 내용과 형식의 조화로, 아이들이 흔히 겪을 수 있는 일상사를 철학 이론으로 해석하고 재미있는 이야기로 담은 것이다. 또한 아이들의 눈높이에 맞는 쉽고 명쾌한 해설인 '철학 돋보기'를 덧붙였으며, 각 권마다 줄거리나 철학자의 사상을 상징적으로 표현한 삽화로 읽는 재미를 더한다. 철학 동화를 이끌어가는 주인공을 형상화하고 내용의 포인트를 상징적으로 표현한 삽화는 아이들의 눈을 즐겁게 만들어준다. 무엇보다 이 시리즈는 철학이 우리 생활 한가운데 들어와 있고, 일상이 곧 철학이라는 사실을 잘 보여준다. 무엇보다 자기 자신을 극복한다는 것, 인간을 사랑한다는 것, 진정한 인간이 된다는 것, 현실과 자기 자신을 긍정한다는 것 등의 의미를 아이들의 시선에서 풀어내고 있다.

과학공화국 법정시리즈 (전 50권)

생활 속에서 배우는 기상천외한 수학·과학 교과서!
수학과 과학을 법정에 세워 '원리'를 밝혀낸다!

이 책은 과학공화국에서 일어나는 사건들과 사건을 다루는 법정 공판을 통해 청소년들에게 과학의 재미에 흠뻑 빠져들게 할 수 있는 기회를 제공한다. 우리 생활 속에서 일어날 만한 우스꽝스럽고도 호기심을 자극하는 사건들을 통하여 청소년들이 자연스럽게 과학의 원리를 깨달으면서 동시에 학습에 대한 흥미를 가질 수 있도록 구성하였다.